新版

断舍离

duan

she

li

〔日〕山下英子 著

贾耀平 译

やましたひでこ

人生を変える断捨離

湖南文艺出版社
HUNAN LITERATURE AND ART PUBLISHING HOUSE

博集天卷
CS-BOOKY

图书在版编目（CIP）数据

断舍离 /（日）山下英子著；贾耀平译 . — 长沙：湖南文艺出版社，2019.1

ISBN 978-7-5404-8930-4

Ⅰ . ①断… Ⅱ . ①山… ②贾… Ⅲ . ①人生哲学—通俗读物 Ⅳ . ① B821-49

中国版本图书馆 CIP 数据核字（2018）第 295247 号

著作权合同登记号：图字 18-2018-353

JINSEIWOKAERU DANSHARI by Hideko Yamashita Copyright © 2018 by Hideko Yamashita
All rights reserved.

Original Japanese edition published by Diamond, Inc. Simplified Chinese edition is published
by arrangement with Hideko Yamashita through Hana Alliance Consulting Co. Ltd.

上架建议：心理·励志

DUAN SHE LI

断舍离

作　　者：[日] 山下英子
译　　者：贾耀平
出 版 人：曾赛丰
责任编辑：薛　健　刘诗哲
监　　制：蔡明菲　邢越超
特约策划：李齐章
特约编辑：蔡文婷
版权支持：辛　艳　金　哲
营销支持：霍　静　文刀刀　傅婷婷　张锦涵
版式设计：梁秋晨
封面设计：红杉林文化
内文排版：百朗文化
出版发行：湖南文艺出版社
　　　　　（长沙市雨花区东二环一段 508 号　邮编：410014）
网　　址：www.hnwy.net
印　　刷：北京中科印刷有限公司
经　　销：新华书店
开　　本：880mm × 1270mm　1/32
字　　数：140 千字
印　　张：7.5
版　　次：2019 年 1 月第 1 版
印　　次：2020 年 1 月第 4 次印刷
书　　号：ISBN 978-7-5404-8930-4
定　　价：45.00 元

若有质量问题，请致电质量监督电话：010-59096394
团购电话：010-59320018

放手一个无用之物，就腾出一点空间。

处理一件多余之物，就减少一份负担。

减少一次浪费，就恢复一分精气神。

然后，

翻开人生新篇章。

做物质的减法，
精神的加法

——陈数（演员）

第一次接触到山下英子老师和她的《断舍离》，是在 2014 年，源自一位朋友的分享。不知为什么，初看到"断、舍、离"三个字，便被深深吸引，果断买回一本细细阅读。

事实上，在遇见这本书之前，关于"断、舍"，我一直有小小地践行。我时常会跟身边的朋友分享我的好物，时常琢磨、学习各类整理妙招。山下老师的《断舍离》更进一步，强调立足当下，通过整理、梳理人与物品之间的关系，脱离对物品的执念。我便从在那时开始意识到，如果只是物质上的"断"和"舍"，而没有在心中确立"离"的精神高度，内心还是会常常纠结。

除了物质，令我纠结的还有我未来要走的路。

很少有人知道，曾经有两年时间，我主动拒绝了很多影视剧拍摄邀约，选择停下来。曾经有朋友替我可惜，觉得我此举无异于演艺生涯的"自杀"。

但不是这样的。

在我看来，演员需要根据导演和剧本的要求，进行表演形式上的再创作，完成好对应的角色。这需要演员把自己的能量、内在修养和积累，甚至是对生活和生命的热情，源源不断地、没有保留地投入进去。所以每完成一个角色，对我来说，都是自身不断地被掏空。

如果一个人感冒、发烧、切菜切到手、骨折等等，都可以看医生，吃多少药、吃多久，如果遵医嘱，便可迅速康复。可在被掏空之后，来自内心的巨大精神困惑，我又需要多长的时间，去把它们填充和治愈呢？

最低谷的时候，我甚至不知道自己能不能让内心重新充盈起来。

我就这样选择了停下来。

持续很多年高密度的工作安排后，那一段主动停下来的日子，让我一下子有了大量可以自由、自主安排的时间，瞬间成了"时间暴发户"。我不需要频繁地看手表，不需要查通告，不需要化好装等待那一声"action"，接着迅速调整自己，进入主人公的内心世界，更不需要奔波在去机场的路上……

我终于可以去看话剧、舞剧、音乐剧，也可以一整天看书、写笔记、和好朋友喝茶、恢复瑜伽练习、远足、回到大自然……或者，什么都不做，只是发发呆不说话，按照心跳的节奏去做事。

是的，这是我停下来的意义。

我需要停下来，去感受生活。

我需要慢下来，去独处，去思考，去阅读，去旅行……

我想做物质的减法，精神的加法。

提到减法，想起有一次跟经纪公司的小伙伴们开会，有个女生半开玩笑地说："陈数老师，如果您生活过的是减法，那我可能过的就是乘法。"当时给我带来不小的触动。这其实体现了当下很大一部分群体的生活态度。随着人们消费水平和购买力的提高，很多时候大家买一样东西，并不是真的需要它、会去使用它，而是渴望拥有和获得，这位女生用到"乘法"这个词，并没有夸张。

那时的我，正在用"断舍离"梳理我的身心。确立了"断舍离"的生活态度，我正在学习卸下负重，轻盈前行。

我学习欣赏物品而不去占有，学习与他人分享而不独享，学习探寻自我和生命之路，不惧旁人的异样眼光。作为一名女演员，甚至不介意一件礼服再穿几次，对我来说，保持审美的品格，比单品不重复更重要。

2018 年 11 月，我的节目《SHU 理生活》第一季上线了。这是国内首档生活美学综艺节目，大家可以透过我的视角，感受丹麦、中国、日本三个国家对于"生活美学"的理解和态度。与众多生活家、艺术家交流，分享彼此生活中点滴细节的美好和人生的感悟，转向内心，寻找缺失太久的"幸福力"。

很快，我们到了日本这一站。第一眼见到山下老师本人，哎呀，原来是这样眼睛弯弯的前辈。节目录制得非常顺利，与老师的交流真诚、深入。"断舍离"三个字已然内化在她的生命里，举手投足间亦平和、亦睿智。喜欢看着她的眼睛，那里面有对生活的豁达、接受和喜悦。霍金曾说："世界上最让人感动的，是遥远的相似性。"这句话完美地诠释了我与老师的缘分。

在这次对话中，内心的那份探索和坚持，越发清晰、明朗。我们断的是物品，但其实，脱离的是执念。"断舍离"是对自己人生的整理，这才是其不同于其他整理法的真意吧。

山下老师的《断舍离》深深影响了我，让我受益良多。希望《SHU 理生活》对老师的这一期访谈，可以让更多的朋友有所受益。"断舍离"不光是关于物品的整理，大家一定能从中得到更多感悟。

很荣幸为山下英子老师《断舍离》这本书的中文版作序，希望这本书可以帮助越来越多的人重拾轻盈的人生。

断舍离帮我们
实现对家的美好想象

——孙志勇（志邦家居联合创始人）

我成为断舍离践行者是偶然也是必然。早些年还没有接触断舍离，每逢换季或节假日前，我都会在家做一些清扫和整理，每次整理完都会觉得身心愉悦，很享受空间的变化。这与后来2014年在上海出差读到一整版关于断舍离的报道，再到2015年去东京专程拜访山下老师，有很大的渊源。

那张报纸我还一直保存着，我觉得与老师产生了很多认知上的共鸣——原来我们做的不仅是简单的家居整理，更是践行一种生活哲学，一种一直隐藏在内心的对生活之美的认同。

这些也影响到我后来的创业，在接触了千千万万的家庭用户后，我们提出在研发产品的同时，尝试将断舍离融入家居空间设计，与我们的用户一起实现对美好生活的向往。现在，山下老师的生活美学经典著作《断舍离》出了新版，我们的志邦厨柜也升级成志邦家居，从厨房空间走向全屋定制，提供更为全面的整体家居解决方案。我们的初衷都是一样的，希望能够让更多人过上理想生活。

我们每个人都在有限空间、物件与人脉关系中生活，在什么样的空间消耗，用什么风格的东西，和什么样的人交往，这些构成了真实的自己。你的圈子越广，就越容易生活在别人的生活中；你需要的东西越多，就越容易迷失在物品之中。经常有人盲目攀比效仿他人的生活，或者在购物季冲动地买买买，其实这都是对自己真正的需求认知不够，心中混乱的执念往往也会映照在生活环境中。

断舍离不仅仅是家居整理术，对于工作、人际交往也有指导意义。相比整理技能，其实山下老师更注重道的层面，她倡导通过身心修行，在杂物上做减法，在心灵上做加法，引导读者立足当下，积极进行身体和外界环境的流动交换，促进新陈代谢。

从 1998 年我与许邦顺共同在合肥创立志邦品牌开始，我们的创业之路基本上也是一直在思考人生取舍的问题，比较幸运的是，我们在某种层面上把企业的这种取舍和大众需求的取舍有机结合在了一起，通过不断加深对断舍离的了解，我们也为企业发展找到了知行合一的哲学根基。

2018 年是志邦家居成立 20 周年，全屋定制成了我们新的起点，能发挥的价值更大了。未来希望能够和山下老师一起，帮助更多人实现对家的美好想象。

断舍离的奥义
不只是"扔东西"

"断舍离"的热潮，从兴起到现在已经过去 8 年了。

这 8 年间，很多人通过书籍、研讨会、讲座了解、体验到什么叫"断舍离"：

斩"断"物欲

"舍"弃废物

脱"离"执念

作为这一概念的提倡者，这是极为荣幸和激动的事。三个浓缩的汉字竟有如此大的驱动力，真是令人感叹万分。"断舍离是没有错的"——自己内心藏着的对断舍离"默然的确信感"能得到印证，获得这么多人的支持，我感到无限宽慰和安心。

随着这一概念社会认知度的提升，逐渐开始有一大部分人将其简单理解成"断舍离就是扔东西呗，图个痛快"，每当听到这种说法，我心头总是涌出深深的遗憾。

因为，断舍离的奥义并非在此。

实际上，"清理废弃物"只是"断舍离"的敲门砖。

橱柜里、餐架上或者冰箱中囤积的无用之物，家里随处堆积的废品破烂，还包括精神层面上那些不适宜的过剩观念，或是让自己陷入自我否定、自我谴责境地的消极思维或情感纪念物。只有放手这些东西，才能解放自己、解放人生。

当做到观念精神上的"断舍离"时，**我们才能获得俯瞰式思维——高视点·宽视野·深洞察。这才是真正意义上"自在·随心"的生活之路。在这条"路"上，一定会有"怡然自得"的你。**

本书也将详细地介绍如何才能走上这条"怡然之路"，**"断舍离"的目标即是这种"怡然自得"的生活方式。**

"怡然自得"是个好词。人生路上无论遭遇什么困境，工作上无论碰到什么难题，首先要保持心灵的"晴空"。当太阳被任性的乌云遮蔽，内心被坏情绪肆意摆弄时，如果能找到一种方法，驱走乌云，重现晴空，人生才会变得阳光明媚、春风快意。

而"断舍离"的真义就是指导我们如何避开乌云，如何把心头的乌云赶走。

市面上流行很多成功学、幸福学的方法，而断舍离则是在告诉我们：获得成功、幸福之前，如何保持怡然从容的心态。

如何才能保持好心态呢？好心态并不是只言片语的形而上的学问，它是通过具象化的"实物"获得的体验。

"断舍离"并非仅仅是处理废品杂物。它带有让人生焕然一新的力量。

本书就是围绕这个核心主题，以集大成的形式，将"断舍离"的精髓总结其中。那些"只知道断舍离的含义，不懂断舍离的价值"的读者，还有"仅仅知道如何对杂物做到断舍离，却不知道断舍离更深层意义"的读者，可以阅读本书，学习放手无用之物的方法，深刻感受"断舍离"真正的奥义所在。

读者朋友现在是如何看"断舍离"的呢？

可能依然是流行的刻板印象：

断舍离＝清理杂物

或是：

狠心放手不舍得"扔掉"的东西

也许人们贪图"断舍离"的新鲜感，去完全替代掉听上去并不美好的"抛弃"一词。然而，我始终坚持的观念则是：

断舍离并不是单纯地处理杂物、抛掉废物，
而是在充满闭塞感的人生长河里唤醒"流通"的生命气息。

这不仅仅是我一个人的感受，而是从空间、工作、人际关系等人生方方面面，体验过动态变化的断舍离实践者共同的感受。

为什么断舍离拥有如此深刻神奇的力量呢？

直到最近，我终于找到了一个简单却能诠释其本质的字。它也成了我撰写本书的动机。这是一个出乎意料甚至有些让人失望的简单的字：

"出"

没有"抛弃"听起来那么苦涩，没有"放手"听起来那么哀伤。

笔画简洁、立场不偏不倚、浑然天成。

断舍离，即"出"之美学。

用人体学来比喻的话，也许会更容易理解。

假如一个人长时间进食但是不排便，也就是长时间便秘，不难想象他的心情多么糟糕。人作为生物，一定要遵守规律——摄取食物，消化后吸收营养转化为能量，再排出废物——新陈代谢。

新陈代谢，就是所谓的"生命机制"。

进，则出。

出，则进。

然后，再出。

这一简单的生命机制隐藏着巨大的力量：

左右人生。

提升"人生的新陈代谢机制"。

回归本真，让生活更上一层楼。

人生中如跳槽、结婚、离婚、再婚、分娩、乔迁等，断舍离会以不同的形式体现在这些重大事件中。

说起来，我们很多人的生活都一直在做"加法运算"，总是被纷繁的信息牵着鼻子走，无形中为自己"加"了形形色色的东西。随着时间的流逝，这些东西成了我们物质上和精神上的负担，致使我们在冗长琐碎的生活中迷失了自己。

面对这些困境，市面上给我们提供的策略只有"收纳术"或"整理术"，而这些策略本质上是在宣传如何把过多的物件密密实实地、见缝插针地塞满我们的生活。这种"收纳式思维"只会让我们在"浪费""过剩""惰性"中喘不过气来。

居住环境、工作现场、人生境遇，何其相似。
家、身体、心灵，何其相似。

现在兴起了"极简生活"概念，让越来越多的人有意识地去体验抛掉杂物、减少物欲的生活。但依然有很多人压抑不了物欲——先收入囊中再说吧，他们陷入"收纳"的沼泽地，无法脱身。

"断舍离"则主张尽可能地做压缩生活的减法运算。"斩断""舍弃""脱离"就属于这种减法。

这种"减法"正是总是本能地、反射性地压抑不住购买囤积物欲的我们现在所必需的。

不过，"断舍离"本身不是我们的目的。

断舍离确实会给我们带来精简、朴素的生活，但是**其中的核心是"出，则进""进，则出"的循环反复。需要强调的是，"进"与"出"一样，都是不可或缺的。**

这本书并不是极简生活的倡议书，也不是收纳整理的指南手册。

它最大的目的是撼动我们根深蒂固的"物品价值观"，鼓励我们甩掉惰性，采取行动，促进生活和生命的新陈代谢，从而迎来焕然一新的人生。

请和我一起，走进"断舍离"的深处。

——山下英子

2018 年 2 月

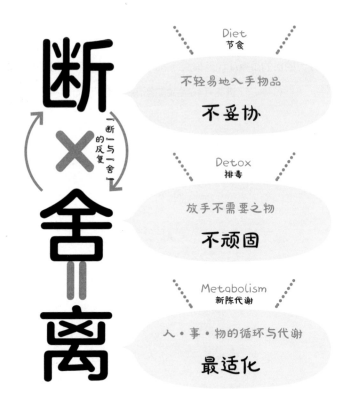

Diet
节食

不轻易地入手物品
不妥协

Detox
排毒

放手不需要之物
不顽固

Metabolism
新陈代谢

人·事·物的循环与代谢
最适化

断×舍＝离

「断」与「舍」的反复

　　断舍离是受到让人放下心中执念的瑜伽修行哲学"断行·舍行·离行"启发而生成的思维方式。它以居所和心灵整理术的形式，提倡将瑜伽精神融入日常生活，为身边的杂物"减肥"，让我们学会放手不需要的东西，从而促进自我周身的新陈代谢。"清出"过多的杂物，实现居所环境的"良性循环"。

第1章
你之所以无法放手的原因

第2章

这就是断舍离的工作机制

第3章

断舍离改变人生

第4章

断舍离，怡然生活

第 **1** 章

你之所以无法放手的原因

有一个需要切实认清的现实：
我们身处"物质过剩"的世界。
明白自己"不能收拾家务"的心理机制，
重新审视自我的物质观，
为断舍离的实践活动装上助推器。

被困在水槽
淤泥口的鲇鱼

物质过剩的现代人总是一边感叹着"东西难收拾",一边视若无睹地过日子。断舍离认为这样的人就像是:

本来能在干净的溪流潇洒畅游的香鱼,逐渐变成了水槽淤泥口边困顿窘迫的鲇鱼。

可以想象一下这个场景:自己变成了一条鲇鱼,找不到本来就存在的进出水口,被形形色色的东西和废弃物包围着,困在水槽里,整日一筹莫展……

住所里堆满了乱七八糟的东西——"优惠打折品""高价品""图方便品""没有的话会发愁品"——在推销人员忽悠下

冲动带回家的各种商品。

居住在水槽中的我们，其实是从这条叫作"消费社会"的大河里摄取食物。但是水槽进水口上的"断"字进水阀却十分松动，而出水口上的"舍"字出水阀却因为"太浪费了""真麻烦""总会用上的"这些想法而无法打开。

原本有着适当活水循环的水槽，因为进出水阀的故障而变成了"储水槽"，不知不觉中沦为了"污水池""淤泥地"。

换句话说，我们现在的住所就等同于死水的淤积地。

假如比喻成人体的话，就相当于人体代谢功能减退、毒素长期堆积的状态。

随着年龄的增长，或是长期处于不良生活习惯中，皮肤、血管、内脏里就会一点点地堆积起代谢物质。

这些代谢物积累到一定程度，就会引起"亚健康"，不久将出现疾病症状。我们在确切症状出现之前很难判断是代谢物引起的。

曾经的一次经历，让我对此感触颇深。

有次我在泰国进行"Fasting（斋戒）detoxed（排毒）"疗法时，接受了嘴巴、皮肤、内脏等各个部位的"detoxed = 舍"治疗法。所有参与这种疗法的人都仅用一天体重就减轻了

居住在进水口开放、出水口关闭的 "储水槽" 中的我们

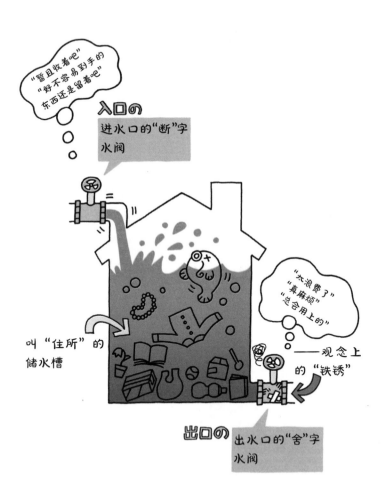

$2 \sim 3kg$。

就像平时我们堆在抽屉里的大量杂物一样，我目睹了人体内部残留的淤水般没有完全排出体外的代谢物。

当把这些代谢产物彻底排出体外时，那种舒畅痛快感简直终生难忘。

人体可以通过这种外部疗法获得刺激，并通过身体机制促进新陈代谢。但面对我们自己家中的杂物，只能亲自行动，处理杂物。并且也不存在亚健康或患病等警戒线。

因此，很多时候"自己眼中正常的杂物数量"，实际上"接近或等同于患病状态"。甚至可以说，大多数时候，这些杂物的量即使花上一星期也处理不完。

如果自己不来回翻箱倒柜地找家中的"淤积物"，恐怕不会发现它们的踪迹。不拉开壁橱、拉开抽屉，就不会在意这些杂物，所谓"眼不见为净"。

就像鲇鱼总喜欢待在水槽的澄清部分，而忽略下层的淤泥一样，假如我们不打开收纳箱，不翻出来堆积的杂物废物，那么也不妨碍日常生活。

然而，依然会抱有不安——一旦来回搅动，上层的澄清部分就马上变成一团混浊。

好不容易一鼓作气开始收拾杂物后，又惹家人生气"摆得乱七八糟，找也找不到了"，碰了一鼻子灰，进而没有耐心再进行整理。想必我们有过多次这种经历。

接着，这种储水槽的状态变成了自己生活的常态，已经熟视无睹了。

最后就变成了你现在居住的这个"污泥淤积的储水槽"。

我们生活在"事物随意渗入生活空间"的年代

当我们亲身感受到这种物欲横流的现状时，总是会下意识地责备自己。其实，在造成这种状况的原因中，社会因素占了一大部分。

我们总是喜欢囤货、无法舍弃的主要原因有以下三点：

- 消费型社会里洪水般的物量

物品被过度制造、被过快流通的物理性原因。

- 对居住空间的考量不足

虽然具备丰富的家装知识和收纳整理技能，但对于舒适生活所需要的物品数量的估测和考量不足。

●上个时代的价值观

现代的生活方式和物品产出数量已非昔日能比，然而我们依然会受到来自父母或是上个时代的价值观——"太可惜了""不能搞浪费！"的影响，因此这属于观念上的原因。

消费型社会总是想方设法地研究如何让人"买东西"。

电视购物节目、邮寄广告、上门推销等各种促销手段，消费社会总是挖空心思地对我们的心理需求"挖地三尺"，直到挑起我们的"对实际不需要的产品的购买欲"，让我们觉得好像就是自己本来特别想买的一样。

不是被别人强迫，是我们自愿地把东西买进家里，我们确实有不可推卸的责任。只要我们不小心，"进水口"的阀门就容易松动，很可能到最后我们的橱柜里、洗手池下、衣柜中，甚至地板上都摆满了密密麻麻的根本不需要的物品。

"不收拾"的深层原因是顽固的"物质轴"思维

━━━━━

在上一节我们分析了主要有三个主要原因导致我们为身边的杂物烦恼。实际上这种烦恼的背后还有更深层次的原因。

自诞生之日起，人类依赖物质、重视物质的历史很长，在此过程中，我们逐渐形成了以物质为标准的行为习惯，即"物质轴"的思维方式。

据某位地质学家分析，从住宅、公路到智能手机，人类制造的物质资料竟有 30 兆吨。这几乎是个天文数字，并且其中的绝大部分都是在 20 世纪之后产生出来的。20 世纪之前，人类长时间处于严重物资不足的时代。

因此，当我们面对"物质"时，不是从"这个东西需不需要？"的角度，而是往往下意识地从"这个东西能不能用？"的角度——以物质资料为基准轴的观点来进行取舍和判断。这就是"物质轴"思维。这种思维方式就导致：如果这个东西还能用（或者即使不能用），我们就在"暂且""好不容易"的心理暗示下，把这个东西留在身边。

某位哲学家曾说过"人们总是习惯思考'有效性'，却往往忽略了作为'有效性'前提的'必要性'"。人们对物品也会有同样的定式思维——"（可能）以后也没有使用的必要，不过还能用，姑且留下来吧"。

人们带着这种"物质轴"思维方式，不知不觉地扎进这个无法想象的物质过剩时代。可以说，拥有 500 万年历史的人类被卷入前所未有的物质变化洪流中。比如说，在自己的家里，壁橱里面就藏了很多不用的杂物，像已经变成"化石"的礼品毛巾套、已经抛在脑后的暖炉套装、只在孩子小的时候用过几次的野营工具等等。尽管如此，我们还是不停地埋怨"家太窄了""找不到东西"，这其实就是我们的居所物质过剩的一个缩影。

因过度焦虑而郁闷的我们

15年前，我刚刚向社会推出自己的"断舍离"概念时，在开展讲座期间碰上了很多焦虑的听众。她们怒气冲冲地抱怨道：

"孩子乱扔东西，丈夫又不帮我收拾，全落我身上了！"

"收拾来收拾去，就是收拾不干净，真是没完没了！"

（实际上正是她们本人在囤货）

15年后的现在，讲座上的听众仍总是显得闷闷不乐，会场氛围沉重，大部分人一脸呆滞愁闷。

说老实话，我甚至觉得倒不如像15年前，大家有什么怒气就倾吐出来反而会更好。因为，在某种意义上，将压抑在内心的情感表露出来就相当于把坏情绪发泄出来，有利于身心的健康。

比如，当自己的妈妈（妻子）发脾气时，孩子和丈夫会马上意识到"不好，她现在心情不好""现在暂且不要惹她"，暂时逃离现场避避风头，等狂风暴雨过去后再若无其事地一起吃饭。

但是，如果母亲（妻子）总是闷闷不乐、愁眉不展，那么这种消极的"负面磁场"会影响到全家人，导致最后大家都陷入了郁闷的状态。

假如杂物遍地，家里塞得满满当当，那这些杂物给人的压迫感，以及狭窄的空间带来的阻塞感会逐渐让生活在这里的人思维迟钝，行动迟缓。长此以往，人们逐渐变得封闭，不想外出，进而演变成近似愤懑抑郁的状态。这种案例不在少数。

随着人们对于"断舍离"概念的关注，应电视或杂志采访的邀请，我帮一些家庭进行杂物整理的项目也激增了不少。

说实话，现场的情况真是让我大吃一惊，比想象中的还要糟糕。

它们并不是媒体宣传的"垃圾房"，一般就是很普通的三四口之家。其中还有刚刚建好 1 ~ 2 年的新房子。从踏进大门的那一刻起，我就马上被庞大的杂物量惊得目瞪口呆。

家里的杂物是不是像这样摆得满满当当，到处都是？

冰箱

所有的架子上都塞满了食材，照明灯几乎不能完全照亮整个冰箱内部。

厨房吧台

本来是"传菜吧台"，却变成了各种杂碎物品的堆放台。

顶墙式大收纳立柜

压迫感十足的杂物似乎要溢出来。虽然媒体鼓吹这种"顶墙式大收纳立柜"的各种好处，实际上很多情况下，这种立柜让整个空间看上去像被封埋在杂物之中。

洗漱台

镜子柜里塞不下的大量的卫生用品堆成一团，理不清的不仅是这些插电用品的电线，还有住在这里的人的思绪和活动路线。

很多情景对于住在这里的人来说可能是司空见惯，不足为奇。比如说，大门口的立伞架，上面密密麻麻地放着20多把长柄伞和折叠伞，等等。这只是冰山一角而已。又比如厨房的抽屉，那些随意扔着根本不再使用的厨房用具，如木筷子、一次性汤勺、保鲜膜、塑料袋等，东西塞得密密实实，收纳率达到了200%。

那些东西可能未必都是不能使用的，但没有人考虑过将来这些东西是否有必要性，就下意识地把它们塞满了整个家。

除了上面这种情况，还有一些房子，看上去收拾得干干净净，但一打开收纳橱柜的门，就能看见里面挤满了惊人的杂物。甚至连住在这里的人也不知道里面放了些什么东西。因为"眼不见为净"——只要关上门，只要看不见，就能眼不见心不烦地过日子。这种状态已经不是简单的"囤积"阶段，而是严重到连收纳都无法进行的"塞东西"阶段。

但是，即便是这样的家，也可能因为小契机而开始尝试断舍离。我现在来介绍一个案例。

自身觉醒·启动"整理开关"

应电视台的现场采访要求，我来到了 70 多岁的千惠（匿名）夫妇家里。

在工作开始前进行"协商"的客厅里，各种各样的日常用品和杂物已经多得"溢出来了"，所谓的"收纳"完全没有起作用。桌子上的文具、调味料、茶碗、报纸、遥控器……都摆不下了，地板上乱七八糟地堆放着手工爱好者千惠女士收集的各种各样的小零件、料理器具、密封罐，等等。

男主人的东西也很多。特别是作为爱好的垂钓工具。很多根鱼竿杂乱地立在房间的一角。

首先是女主人千惠小姐类似唠叨般的理由——"太忙了没时间""太累了没力气""觉得哪一件都有用"……这在以前电视采访的时候也多次遇见。虽然邀请我来的就是千惠（匿名）女士本人，但看样子她还是有很大的戒备心。

而男主人则是双臂交叉胸前，一声不吭地静坐着，好像在说"我不管你怎么想，反正我才不会扔东西呢，东西又不是随随便便就能扔掉的"。

面对这种场景，我反而不会做任何"整理指导"，那我做什么呢?

就是不说话、倾听。对于无法放手杂物的各种理由,都只是随声附和一下。在这种谈话进行了几个小时之后,我开口说:

"如果是想留下的,咱们不扔掉也没关系。"

结果,千惠女士突然拿起手边十几副团扇,说"这个不需要吧",然后起身开始收拾东西了。她把塑料制的团扇通通扔掉,仅留了三副竹子制的好团扇。接着,男主人又拿出垃圾袋开始收拾自己的钓鱼器具。就这样,夫妇二人连续收拾了两天。

厨房的餐架上叠放着大量的千惠女士用于储藏自烹料理的容器。我断定"她会很难放手这些东西",所以也没有过多地提这些容器的事情,只是稍微提醒她"有可能会掉下来,比较危险"。

当我 10 天后再去拜访千惠夫妇时,发现原先堆成小山一样的瓶瓶罐罐居然减少了一半。这个变化是在意料之外,我情不自禁地为她感到高兴:"千惠女士,太厉害了!"

我完全没有做过什么整理家务的指导,那为什么千惠夫妇的家能获得如此大的整理效果呢?一开始,对我这个"反派",夫妇俩还有很大的排斥心。随着交流的深入,他们逐渐打开心扉,意识到自己说的某些话其实是在为自己找借口。

这，就是千惠夫妇的转折点。

断舍离讲求的就是这种内部的自觉自省的意识，而不是外部打着"正论"旗号的训诫。因为，真正的"正确答案"本来就在自己心里。

另外一个要点是，就像我赞赏那位放手很多自己喜爱的瓶瓶罐罐的 A 女士一样，当自己尝试实践"断舍离"后，要大力地犒劳自己、奖赏自己。

有意识地去除自责的情绪，坦然地倾听内心的声音——"原来真的不能像从前一样""我想改变"等这些声音会渐渐地转换为一种内驱力，让我们自觉地将实践进行下去。

这种良性循环会让断舍离的实践进展得更快、更深入。

断舍离注重的
不是物品，而是空间

————

断舍离注重"空间"，即以空间为主体核心的思维方式——空间轴。

"东西过多所以扔掉""没有需要所以扔掉"等想法无可厚非。但是，断舍离的"空间轴"思维注重的是"扔掉东西"之前——"为确保空间的干净整洁，而将物品量尽可能地缩减成最适合的量。"这种思维是实践断舍离不可或缺的。

断舍离就是"生活的新陈代谢"。将生活用品的量锁定到适当程度，同时在适当时点，更换这些生活用品，这才是生活的理想状态，也是生活原本的自然状态。而这种状态也可以称为悠然有暇的美的空间。

而以物品为思考基准的"物质轴"，则是从"还能使用"这个角度考虑问题的，遮蔽了"放手不需要之物"的正当性。

老实说，就算是现在已经在脑中为"物质轴"设置警惕灯的我，有时候也会陷入"物质轴"的思维陷阱。

前几天，我收到一位曾在海外出差时对我多有关照的朋友的礼物。而包装礼物的是一个颜色鲜艳、设计精美的盒子。因为实在喜爱这个讲究的盒子，我想也没想就收进了橱柜里。

过了几天后，我猛然清醒过来，自己大吃一惊。买大牌商品的时候，人们总是不舍得扔掉包装纸，一张一张地逐渐囤积成了小山。我收集包装盒的行为和前者并无区别。

说实话，保留一些箱子袋子也没关系。但是当时我并没有想到这一层，脑中的思维顺序是"设计讲究的盒子→留下来"。几乎是一种条件反射行为。

这个盒子换成钱的话，不过是几百日元。我并没有想到"没有需要，可以扔掉"，而是想当然地抱着盒子放进了橱柜里。

也许，物质本身就带着某种看不见的"黏着剂"。

一开始就没有断然"因为看起来将来也没有使用的需要，可以扔掉"，过后再处理的话，物品在手里就会有一种沉甸甸的感觉。这是一种心理上的沉重感，带有叫作"执念"的黏着剂，其实就是对物品的定式思维。

有人会把住所里的物品占比换算成房租。假设这些毫无用处的废品杂物被扔在屋子里几年、几十年，累计起来的金额与杂物废品本身的价值相比，简直是天上地下，得出的数字让人头晕目眩。不过，我们不会简单地认可这种换算的逻辑性。

比如，在一些手纸、保鲜膜等日常易耗品上，我们容易倾向于不在乎这些钱，因为这些东西价格也不高，换算成金钱后数额也不大。这样就致使我们不自觉地把这些"以后一定用得着"的杂物、用品囤积起来，最后被它们占据了我们大部分的空间。

家里家外·情绪反差的痛苦

已经不穿的衣服被主人一件一件地塞在衣柜里。虽说衣柜不是电视剧里的后宫，其实也有人把衣柜比喻成"皇帝不会驾临的冷宫"。这个比方实在是妙不可言。当耳朵贴在衣柜上，仿佛就能听见衣服在默默地哀叹："主人总穿其他衣服，我得等到什么时候呀！"

换一种说法就是："不穿的衣服"认为自身与主人的关系上存在一种"惰性"。

被一堆堆不穿的衣服塞得满满当当快要关不上的衣柜里，哗啦哗啦地冲出惰性的大洪流。被卷入这种惰性洪流中的人自然也会感染惰性，闷闷不乐，打不起精神来。在这个惰性弥漫的家里生活的人，自然变得不想待在房间里。

那些常常烦闷房间空气混浊、心情不畅的人，其中有大部分是在工作上精明能干、能力过人的高知女性。她们常常因为在外部工作上备受好评的工作态度和能力，与她们下班回家后乱七八糟的家庭空间及烦闷低落的情绪形成的巨大反差，而饱受诟病。外出所带的东西全是高级的大牌商品，而房间里却是杂物堆成的贫民窟。像这样我们笑也笑不出来的情况数不胜数。

"绝不能让人知道我的房间居然是这副鬼样子。"于是，有的人"连四年一次的天然气公司上门检查的时候也谎称家里没人"，有的人甚至"在朋友临时造访时匆匆把杂物扔进浴缸盖上盖子"。

话说回来，其实这么做，她们自己的心里也不好受。

还有很多人，他们逃避不收拾家中杂物的现实，一头扎进所谓的灵修世界。

耳朵里进来的都是什么"爱""光""净化"等动人悦耳的词汇。经不起这些美丽词汇的诱惑，他们潜入灵修世界，试图提高"自我认同感"。然而，越是陷进这种虚妄的幻影世界，就越会脱离现实，只能看见自己想要看见的东西，而对其他现实中的事物视若无睹。

我现在说一个利用断舍离摆脱虚妄世界的案例。

洋子小姐（匿名）从外表上看，是一位精明能干、积极阳光的 30 多岁职业白领。

但是，她的家里却是触目惊心地脏乱差。工作用的大量资料扔得到处都是，搬家打包好的纸箱子居然还没开封，摆在一个角落落了几层灰，床头柜上密密麻麻地堆着她私下里着迷的占卜和灵修的书籍。

她交往的对象常常是比她年龄大并且社会地位高的男性。这也无可厚非，不过他们都是已婚人士。她的住处和恋爱同样都是属于"无法对旁人言及"的状态。

心里总是想着"找个时间一定要收拾屋子"，可是一回到家，就感觉像被巨大的磁场吸附着一般，身体一点也不想动，只能大口地喝酒、抽烟，这个连窗子都未打开的房间里烟雾缭绕，空气混浊不堪……

"现在想想，那时候的自己简直就是在大烟窟里生活。"

但是，某一天，转机降临了。

洋子小姐受到朋友的邀请，参加了断舍离的讨论会。她很快就明白了"扔掉不需要的杂物，建立舒适的生活空间，才有可能改变人生"。在旁人看来光鲜靓丽、潇洒快活，而内心却陷入深深的烦恼中，生活在"不可告人"的垃圾囤积地里，是断舍离为自己指明了一条路。

之后洋子小姐用了大概三个月的时间处理掉了各种杂物废品。

不久之后，她就遇见了一位和以往的交往对象完全相反的同龄人，年纪相当且干净利落。契机就是"有空请来我家玩吧"的一句邀请。

进入洋子小姐家后，年轻人竟然下意识地脱掉了袜子。以前连个下脚的地方都找不到的房间，他居然极为自然地、舒适自在地留了下来。这是一次心情愉快的做客。之后，两个人很快就结婚了，有了孩子。现在的洋子妈妈已经辞去工作，在小城市里悠悠闲闲地相夫教子。

可以说，当洋子小姐把大量的无用杂物清理出自己的世界后，就迎来了与"真我"十分契合的人生伴侣，开启了幸福的人生之旅。

"无法放手"的人有三类

前面已经分析了"我们烦恼于物质过剩的状态以及这种状态背后的心理原因",这一节我们重点具体分析一下"无法放手"的心理原因。除了实体的杂物外,我们还要直面自己的内心。

根据常年处理物品和人之间关系的经验,在我看来,那些常常抱怨"还是无法放手……"的人大致有以下三类:

● 逃避现实型 这类的人,一般因为工作繁忙,待在家里的时间少,所以整理家务的事情总是推后进行。乱七八糟的家让人心情也很糟糕,就更不愿意待在家中,陷入了恶性循环。

● 执着过往型 这类的人总是珍藏了很多以前的相册、信件、纪念品等旧物。他们不愿意直面现实,总是沉湎于过去快乐的时光。

●忧虑未来型　这类的人总是担心"没有某个东西会发愁"，总是不停地为不知何时才会发生的未来事件储蓄物资。这也是三种类型中人数占比最多的一类。

这三种类型的人共通的一点就是"对时间的意识比较淡薄"。

其实，在日常生活中每个人都有自己独特的时间感。但我们时常遇到时间感的平衡被打破的情况，此时我们的内部时间轴就会出现某种错位和偏差。

另外，上面介绍的三种类型之间并没有明显的区分线。其实每个人的内部都隐藏着这三种类型，只不过是其中一种倾向的表现较其他两者更为突出罢了。

我们可以看看自己的哪种倾向比较突出，进而加深自我认识，更顺利地实践断舍离。

"无法放手"的三类人

逃避现实型

这类的人由于工作繁忙，待在家中的时间短，不会认真地做家务。还有很多是对家庭和家务有情绪，不想待在家中，只想埋头工作。另外，看到家里乱七八糟，心情特别差，更是不愿意待在家中，陷入了不良循环。但是一旦开始收拾整理后，对物品本身并无多少执念，会整理得干净利落，不会犹豫拖沓。

执着过往型

这类的人总是会收集和珍藏很多现在不用的旧物，小心翼翼地保留着以前的相册或是奖杯奖牌，以及带有过往回忆的信件、照片等小物件。他们总是沉湎于过去快乐的时光，而不愿意直面现在和现实，这种类型也和逃避现实型有关系。

忧虑未来型

这类的人总是不停地为将来的事情忧虑，不停地为将来储备东西。眼睛只盯着"某些东西没有，自己将来必定会发愁"，过多地囤积手纸等日用品。未雨绸缪并不是不好，但反应过度会给日常生活带来焦虑。

"舍"与"弃"的不同

"执着过往型"的人有个口头禅——"太可惜了"。

这句话是表现人们珍惜事物的意思，不过很多时候却被当作免罪牌，用于回避处理杂物。

我们口头上常常把"舍弃"作为一个词来讲，其实它是由两个字组成的：

"舍"

"弃"

佛教用语中有"布施（将金钱或贵重物品捐赠给寺庙或贫苦人）"一词。其中的"施"就是"施舍"之意。也就是说，因为这些东西在我处不再起作用，而让它们在别处起作用。

这带有"二次循环""再利用"的意思。从广义上来说，即便是那些被销毁的东西，只要遵守规则，处理得当，这些东西本身作为"物质"也只是形式上变化而已，依然属于再循环的范畴。

而再来看"弃"，即"废弃"的"弃"。

从意思上看，物品被不管不顾、置之不理。"非法丢弃"就是一个常用词汇。

你家里有这种被弃之不顾、置之不理的物件吗？这种毫无用处的废品一样的东西被随意地扔在角落，或是保留在箱柜里，本质上就像被人抛弃一样。它们和我们每天扔的垃圾和废物没多大区别，只不过一个在外面、一个在家里。

断舍离，不是要求人们随意地"弃"，而是把"舍"作为解决问题的方法之一。

"舍"即为"出"。

如果实践"舍"，确实会暂时出现大量的不得不处理掉的东西。在进行取舍时，我们应该挑选出有质量的东西，将物品压缩到能够建立和保持一定社会关系性的量即可，这样才能找回我们曾经失去的健康美丽的空间，才能从最本真的意义上珍惜事物、热爱生活，并不是随意地、不走心地囤东西、扔东西。实际上，后者才是"太可惜了"。

"舍弃"的作业，并不好受。

收拾东西时，有时内心会翻涌着怒气："我居然买过这种东西！"

有时会后悔地掉着眼泪，决心"绝不会再买第二次"。

但是，生气归生气，生气之后要记得不能"弃"。为了重新找到自己和"物品"之间真正的联系，就必须一个一个地重新审视每个东西，在自省自审的基础上，进行物品的取舍。所谓的"舍"，其实就是直面内心。

以历史的眼光来看人与物，两者都是在某一个时点出现，又在某一个时点消失，区别不过时间的长短之分罢了。一个人与一件物品相遇是极为短暂的、微弱的缘分。只有尽力去珍惜爱护这种缘分，才是真正意义上对"太可惜了"这种感叹的回应。

人有"获得的自由"，
也有"放手的自由"

当读到这里时，想必有读者想起了自己的家，觉得心里不痛快。其实这就是对"放手"本身有根深蒂固的抵触观念的表现。然而，断舍离之所以能够被大家接受，就是因为越来越多的人想要挣脱潜意识中对"放手"的抵触感的束缚。

而我们本来就拥有以下三种自由：

- 放手的自由
- 保留的自由
- 取舍选择的自由

在断舍离的概念刚刚出来不久，我的博客收到了一段留言：

"断舍离，说得好听，对收拾不了的，女人可不就是只扔东西嘛。浪费了多少东西！"

说老实话，这句话听着刺耳，却真的是一针见血。因为，实际情况就是这样。

那些因"做不完家务"而烦恼的人，特别是被冠以"整理不了家务的糟糕主妇"的人，她们面对乱七八糟的家，就会不自觉地一刀切——只有把"多余的东西扔掉，才能把东西过多过乱的家恢复到以前干干净净、让人神清气爽的状态"。

"收拾东西就是做家务活，女人当然就应该会收拾东西，然而自己居然连这点事情都做不好，一定是个糟糕的主妇"，很多女性要比男性更容易在不知不觉中陷入"物质轴"思维的泥潭。

但是，学习过"断舍离"后，从这种束缚中觉醒，明白了"自己拥有取舍选择的自由"，她们会立刻开始行动，着手处理过剩的杂物。

因此，我会再三地告诉今后准备努力实践"断舍离"的人：

如果你不想再吃了，

如果肚子已经吃得饱饱的，

那就应该放下碗筷，不多吃也没问题。

因为，吃不吃饭我做主。

如果你不想再穿了，

如果这件衣服已经让你厌烦了，

那就应该脱下衣服，不穿也没问题。

因为，穿不穿我做主。

可喜的是，现在的日本已经能够实现这种观念。基本上想要的东西能够满足，想处理的东西也能处理掉。但是，为什么前者顺利，后者那么困难呢？我们总是有各种各样的理由要东西买东西，又有各种各样的借口不去放手而囤积东西。

难道是怕家人责怪？

难道是介意周围人的眼光？

以前我和公公婆婆住在一起，准备处理不需要的杂物时，总被他们唠叨说"太可惜了"，不让我扔。那时候起我明白了一个道理：想要的东西得不到，人会难过。但是想扔的东西扔不得，会更痛苦。

再说一个听起来不太恰当的例子，在我们还是个婴儿时，想哭的时候可以尽情大哭；想吃奶的时候，可以用力吃奶；想拉屎撒尿的时候，谁也管不了。无论"获取"还是"排出"，都不存在任何阻碍。

然而，当我们长大后，被断掉爱喝的母乳，被去掉尿不湿，不得不自己控制排泄的欲望和时间。我们被放逐到"规矩世界"的条条框框之中，缩头缩脑、畏首畏尾地学会了忍耐。

孩童的世界有孩童的规矩和不自由，少男少女的世界有少男少女的规矩和不自由。已经淹没在忙碌的成人世界中，遗忘了少年时光的我们，其实在心海最深处的岩石上，依然留着童年时期的"不自由"的刻印。

也就是说，在我们的居所，堆积如山的"收拾不了"的杂物本身就是人类"物质轴"思维方式的具体表现，也是在"不能胡乱排出""不可任性"这种潜意识下的自我约束的表现。

但是，这种不自由已经不需要了。

你自己的东西，如果你认为它对你已经没有价值了，感觉已经不适合你、不会给你带来好心情了，你完全可以自由地处理它，不必在意任何人的眼光，没有必要为东西本身留情。

"我想要这个东西""我不需要这个东西"，无论是获得还是放手，都要做到坦诚地面对自己的内心。剩下的就是开始行动。

别人的东西姑且不说，至少自己的东西自己要做主。

第 **2** 章

这就是断舍离的
工作机制

具体应该做什么，怎么做呢？

根据八个技巧和五个收纳指南，

了解断舍离的工作机制和"放手"的效果，

刷新对物质的观念，

就会迫不及待地想要清理杂物。

断舍离，
就是扔东西

以前做"整理家务 before/after"主题采访的杂志社编辑曾经告诉我这么一段话：

"关于断舍离，只要能读懂书本里的东西，人就会自觉地行动，开始想收拾处理东西。这种学习知识后，自觉实践的情况我是头一次碰到。"

据他称，做"整理家务 before/after"采访时，受访者一般是边听指导师的建议边进行家务整理，但是断舍离却比较特别。受访者只需要读懂书籍，理解其中的要点，自觉地开启"引擎"，即使没有指导师在一旁指挥，采访也能顺利进行。

知晓断舍离的工作机制，明白舍弃东西的效果，更新对待事物价值的观念，只有这样，身体才能觉醒，我们才会自觉地做出行动。很多明白断舍离内涵的人，总是摩拳擦掌，迫不及待地要收拾东西、清理杂物了。

不是要开启按钮，而是要拧紧我们的"螺丝"。假如螺丝拧坏了也不要紧，重来一遍就行。断舍离就是反复地拧紧螺丝。

序言部分写着"断舍离的奥义不只是扔东西"，而这里的"断舍离，就是扔东西"，有特别的意义在其中。

其实确切地说，应该是"想要在未来重新找回健康的居住空间，最开始就不得不扔掉大量的东西"。也就是说，断舍离是具有体系和系统程序的。

而如何扔东西，也需要合理的方法。

在对居所杂物进行断舍离的同时，脑中也要进行断舍离的作业，即进行思想观念的整理。这样可以对我们自身进行"体质改善"，改变我们无法放手，总是囤积货物的毛病。

比方说，我们"为了减肥""为了护肤和健康"，要控制饮食，多排出宿便。但是长时间进行减肥和饮食控制的话，就需要搞清楚"该吃什么东西""怎么吃""为什么以前的饮食方式有问题"等问题，否则会很快退回到以前不健康的生活状态。

以上面所说为前提，接下来将按照以下步骤进行解说。

观念上的断舍离

1. 认识现状

2. 停止自我否定

3. 描绘家的具体构想

杂物上的断舍离

1. 拿出杂物，俯瞰

2. 扔掉"怎么看都是垃圾·废品"的东西

3. 以自我·时间为判断基准，考虑自身与物品的"关联度"，再进行取舍

4. 以"必要·合适·愉快"为标准进行取舍

5. 收纳在杂物最适化之后进行

收纳指南

1. "三分法"

2. "7·5·1 法"

3. "1 out 1 in 法"

4. "one touch 法"

5. "自立·自由·自在法"

　　断舍离分别从物质和精神两个方面进行"物品的断舍离"和"观念的断舍离"。只有两者同步，家务清理工作顺利进行，思维方式也逐步更新，才能形成一个良性循环。最后，在物品数量减少到最适量时，再转移到"收纳"作业上。

观念上的断舍离 1
认识现状

———

　　"观念上的断舍离"是指在对家里进行杂物处理时，对让自己士气低落，不愿意再进行收拾整理的旧观念、旧思维进行摒除和更新。

　　当我们决心进行断舍离时，最先应该做的是什么？

　　答案就是把衣柜、壁橱、抽屉等所有的收纳容器的盖子打开，让平时看不见的东西全部展现在眼前。

　　尤其是柜子，只打开一扇门是不够的，需要两边的拉门全部卸下，把柜子完全敞开。而且，不是仅仅从外面简单确认柜子内部的整体，需要一个一个地确认，掌握收纳的总量。

这种最初的认识现状的作业是尤为重要的，如果不把握家里有多少东西，就草率地开始作业，很快会因为杂物的量超出想象，而造成身心上的徒劳和疲倦感。

为什么掌握家里物品的现状很有必要呢？

因为，人本身有一种倾向——总是看不见不想看见的东西。比如说"不想看见堆在柜子里的东西""不想看见电视机后的灰尘"等，我想你应该懂我的意思。

绝大多数的人对自己在怎样的物品过剩的环境里生活，其实完全没有什么概念。比如说一个没有登山经验的人在不掌握登山知识和装备工具的情况下，突然说"我要登上富士山"，这是非常不切实际的。家务整理也是同一道理。

登山新手应该做的事情就是掌握登山的距离和时间，准备必要的工具，确认路线，等等。家务上，就是掌握家里物品的数量质量，观察东西是否过剩的现状。

为什么登山前我们会自然而然想到做"登山前的准备"，而在整理家务时却意识不到呢？因为我们脑中"整理就是理所当然的家务劳动"这一观念根深蒂固。

而现实的状况并不如想象中那么乐观。

物品的量远远超过"理所当然的量"，也需要一套系统的整理指导。

再加上"家务劳动＝理应会做的"这一牢固观念的影响，一种"被迫感"也就是"不得不做"的压迫感也随之增加。从而导致了一种"视若无睹"的状况。

断舍离将从三个阶段检查住所的现状。

● 收纳空间的物品量合理，没有过度过量，偶尔出现"凌乱"情况。

● 收纳空间已经满载，甚至出现物品"溢出、过剩"情况。

● 东西已经好多年没有整理过，出现了"堆积"情况。

首先确认物品的"量"，接下来再判断居住空间的"质"处于什么水平。

从以上阶段来看，把"清除垃圾·废品"的状态作为"分界线"的话，那么分界线以下则是"淹没在杂物海洋"的状态。

我们大部分人都处在分界线下层的状态中。

一直长时间徘徊在垃圾"分辨层"的人，总是拖拖拉拉的，提不起劲儿来收拾东西。不过，他们也可以在朋友或是整理专家的帮助下，重新回到"分界线"上层。一旦离开地下，回到"地上"，领略过上层的舒适宜人，"我要住这样的家"的欲求就开始在脑中生根发芽。

物品的"量"和空间的"质"的现状认识

 轻 ➡ 重

凌乱

从收纳箱取出，用过后，凌乱摆放的状况。只要把各个东西放回原位，就能很快收拾干净。

过剩

东西拿出来之后随意摆放置之不理的状况。想整理放入收纳箱，却因为物量多超过了收纳容量，造成无法收纳的状况。

堆积

"物品过剩"的状态长时间持续，东西一层压一层，反复堆积。目前还在使用的或知道存在的东西仅仅是上面几层。压在最下面的处于无意识·无自觉的混沌状态。

怡然自得
闪闪亮

严选层

愉快舒适的呼吸空间
较高的审美意识基础上
严格挑选的最适宜物量

干净整洁
不拖泥带水

挑选层

居所的整理·适量

除去垃圾·废品的分界线

开始有意识地注意
物品的数量和质量

分类层

物品放置状态
杂乱·过多

对物品的数量和质量毫无自觉

分辨层

垃圾堆放场
堆积状·大量垃圾

说个不太恰当的比喻，如果便秘，自己无法排便时，就应该吃点泻肚子的药或是诉诸外科手术。

　　很多人告诉我自从走出了"分辨层"，他们享受过上层世界的舒适感后，接下来就能自觉地开始实践断舍离。我想大声地告诉大家：

　　"不管怎么样，请尝试先从淤积着垃圾废品的蓄水池跳出来吧！"

观念上的断舍离 2
停止自我否定

━━━━━

很多女性很容易陷入自责的脑回路中，把自己定义为"不会整理的废柴女"。其主要是因为她们把"收拾家务"直接等同于"理所当然应会的家务劳动"，简单地把家务整理分成"会收拾"和"不会收拾"，理解成能力问题。

而男性则简单地直接理解为"不收拾"，并没有添加什么个人情绪在其中。

也就是说，女性既受到了"没有收拾干净的环境"的损害，又不得不自虐地自嘲为"不会收拾家务的女人"，心理上受到的伤害也越发地深刻。

特别是很多职场高知女性，非常容易陷入完美主义的陷阱。

她们在外面能力超群、精明干练、备受好评，而自己的家里却乱七八糟、一塌糊涂。她们极力想让家里和职场一样，干净整洁、完美无缺，却真的是一筹莫展。

这种反差越大，自责的倾向就越强烈：

"必须得想想办法！"

"这样下去可不行！"

只有摆脱这种自罚性的思维倾向，不再去否定自我，才能实现思维观念上的断舍离。

再强调一下，我们现在身处的正是物质和信息极为丰富甚至过剩的社会。在这样的社会中，假如没有一个明确指出"如何与物质和信息打交道"的方向标，我们可能很快就会被物质和信息的洪流吞噬。

因此，你要告诉自己，造成这种局面并不全是因为你自己。

观念上的断舍离 3
描绘家的具体构想

━━━━

为东西过多而发愁的人总是盯着眼前的东西，想不出办法来，甚至会强迫自己"必须收拾东西"。他们热衷于搜罗各种各样的收纳术和整理术的书籍，虽然能按着前几页认认真真地实践，不过也是三天打鱼两天晒网，热情骤减后又把视线转移到其他书上……反反复复，对家务的理解和自身的视野变得异常狭小。

这时候，我们应该做的就是停下来，仔细想想。

难道"为了收拾东西而收拾东西"是我们的目的吗？

实际上，我们真正想要的是"健康舒适的居住空间"。搞清楚这个目的后，显而易见，"收拾东西"仅仅是实现这个目的的手段而已。

因此首先应该做的是明确描绘住所的蓝图——收拾整理完后，我想在这里进行怎样的生活。

●简约风格的空间——摆放北欧系家装用品或原木家具
●民族风格的空间——装饰有东南亚风格的布衣或藤编家具
●现代流行风格的空间——以办公为主的功能性家具

其实，每个人都应该有自己的"理想居住空间"。但可惜的是，很多人没有清晰地设想过。甚至很多人连该如何构想都抛到脑后了。这个时候，就应该反复地"放手"杂物，通过取舍物品，来重新审视自己的家居设想，细致地描绘自己理想的家。

这样，你会隐隐约约地看见某种轮廓，比如：

"这么说起来，我比较憧憬那种宽敞舒适的空间。"

"比起家具的功能性，我更想加强与家人之间的联系。"

"我对理想的家和现实的家存在很大的差距，并没有什么大的问题意识。"

这种模模糊糊的念头可以帮助我们回到人生的原点——"我究竟想要怎样的生活"，也会变成我们实践断舍离的原动力。

杂物上的断舍离 1

拿出杂物，俯瞰

——

前面我们对杂物的三种思维观念进行了梳理，这一节将介绍处理杂物时，如何对东西进行观察和判断。

把握自己现在的居所物品过剩、无法收纳的现状后，把杂物全部摆出来，放在地板上、桌上等水平面的位置。然后从高处对杂物总量进行俯瞰。

首先是"出"。

无论是餐具柜还是衣橱，我们平常只看到其中收纳的东西的"面"，而看不见放在最里面的"体"。找东西花时间也是因为对其没有全面认识。把东西晾晒出来，可以从"体"的角度一个一个全面确认。

值得提醒的是，越是初学者就越会像"打激素"一样，立马想从"大块头"着手，花费比原计划更多的时间和精力去对付庞大的杂物量。

又或者是从最惦记的什物——很难放弃的东西、含有个人情结的东西等开始处理。

因为还没有体验过断舍离，不小心就把目标设定的"高大上"以至于高不可攀。

一旦从"大块头""大物量"开始"啃"，好不容易提起来的热情马上就被浇灭了。即使只对衣柜进行"断舍离"，如果被无法想象的有压迫感的物品量惊吓到，心情立刻萎靡消沉，没什么干劲儿，那么断舍离的任务就无法在计划时间内完成，最后半途而废，反而让整体更加混乱，心情也更加糟糕。

因此，在开始实践断舍离时，要在计划的时间内从少量的、小单位的着手。单位越小，将物品从收纳柜取出来所花的时间就越少。

这种小单位量的断舍离持续下去，不久就会变成大单位量的断舍离。

杂物上的断舍离 2
扔掉"怎么看都是垃圾·废品"的东西

断舍离将家里大量的杂物，通过三层"筛子"进行选择取舍。

- 扔掉"怎么看都是垃圾·废品"的东西
- 以自我·时间为判断基准，考虑自身与物品的"关联度"，再进行取舍
- 以"必要·合适·愉快"为标准进行取舍

第一层筛子就是筛掉"怎么看都是垃圾·废品"的东西。

拿食物作为例子来解说比较容易理解。你把冰箱里的食物全部拿出来摆在桌子上，如果其中有过了保质期的生鲜食品或是还在保质期内却看起来没有食欲的食物，就应该立刻处理

掉。杂物处理也是同样道理。

地板上和桌子上摆满了各种不同的杂物，先从已经损坏的、被弄脏的、不能使用的、已经被抛到脑后的东西，将来也用不上的东西开始处理。

碰见让我们犹豫的"还能用"的东西时，不用烦恼，可以自问自答——确实还能用，不过它是不是仍在"心里的保质期内"。

也就是说，它对自己来说是不是"美味的""有吸引力的"。那些答案是否定的东西尽管放弃就好，不需要留恋再三。明白这一点后，处理杂物的速度一定会明显提升。

也就是说，垃圾·废品相当于"忘却物"，连存在本身都被忘记的东西。绝大多数的"忘却物"对现在的自己来说都是"无所谓"的东西。它们被塞在各种小盒子和壁橱里，挤在那些只要关上门就统统可以装作不存在的收纳空间里。

经济学上有个"巴莱多定律"。

它指的是"公司 80% 销售额是由 20% 的员工创造的""80%的成果是在所花全部时间的 20% 中产生的"等这些现象，又简称 80/20 定律。

在收拾整理家务的现场也同样适用这一定律。

"居住空间里的东西，其中 80% 是忘却物，目前在使用的东西只占了 20%。"更不用说平常基本上不怎么开的壁橱和抽屉，里面的忘却物比率甚至超过了 80%。

断舍离把这些忘却物比喻成"陌生的大叔"。而衣柜、壁橱显然是这些陌生的大叔的聚集地。

如果是普通的大叔也罢，它们是"陌生的大叔"，它们成群结队地寄生在壁橱、衣柜、收纳架这些地方。"陌生"这个修饰词说明了它们和现在的你没有什么太大交集，在之前的人生里，不过是擦肩而过罢了。

或是之前有过点头之交，或是吃过几次饭的茶友，或是被问到"还记得我吗"却完全想不起来的人。你的橱柜、抽屉里是不是住着这样让你绞尽脑汁也想不起来的大叔呢？

"忘却物塞得满满当当的家里"很像是经常载满人的电车一样。原本宽松舒适的家里，却因为客厅里、厕所内、厨房中等各种地方站满了"陌生的大叔"而显得异常狭小。

而且，这些"陌生的大叔"沉默着，一声不吭。家里的空气非常混浊、呼吸不畅，它们却依然沉默寡言，一个劲儿地挤来挤去。

我们的收纳空间里就是这样一幅情景。

只有找到一种合理的方法，才能把这些"陌生的大叔"请出家门。

带着这种意识来再次审视我们的居所，就能清清楚楚地看见哪些东西可以立刻处理。

你家里是不是住着很多"陌生的大叔"（忘却物）？

买过的东西都忘记了——杂物・废品。
这些东西是不是把收纳空间塞得满满当当的？

以自我·时间为判断基准，考虑自身与物品的"关联度"，再进行取舍

———

第二层筛子是"自我轴"和"时间轴"。这实际上是断舍离最核心的部分。其主要是因为以下三点：

- 从这些角度进行杂物取舍，会了解自己的内心，接纳喜欢上自己
- 掌握以物品与自身的"关联度"为焦点的思维方式
- 清晰地展现随着时间变化，自身与物品关联度的变化

下页图中的横轴为"重要度轴"，纵轴为"时间轴"，两轴相交的原点，前者为"自己"，后者为"现在"。也就是说，"对

现在的自己非常重要的东西"处于原点位置。我们在不知不觉间把"重要度轴"偷换成以他人价值观为基准的"他人轴"。价值核心变成了以"物品"为主题的"物质轴"。在日常生活中，常常不是沉湎于"东西曾经有用"的历史，就是对未来怀抱期待和不安，常常觉得"东西以后会用得到"。

在处理掉垃圾·废品之后，有意识地按照自我轴和时间轴进行杂物的取舍，就能在大量杂物之中锁定那些对"现在"的"自己"必要的东西。

比如说，我把用了10年以上的眼镜送给你，"这副眼镜非常好，务必戴"，你会用吗？不同的人有不同的视力，而且眼镜的样式合不合胃口还难说。那么"现在"的"你"应该很容易判断这副眼镜的价值。

但是，这副眼镜并不是不能用。而且，眼镜框上还有高级品牌的logo。可能看到这里你会产生一种"太可惜"的感觉。

我们可能选择收下这副眼镜——"毕竟是他给的，拒绝起来也不好意思""眼镜还能用，暂且收下吧，况且还是大牌货"，这种思维本身就是焦点错位，变成了"他人轴"或"物质轴"。

从便利店的免费一次性筷子到和自己风格不相称的回礼品情侣杯等，很多"基本上不怎么会用的东西"你还会带回家吗？

而以"自我轴"为基准进行取舍时，只需要考虑"这个东西我想不想用"。

焦点集中在"这是不是我需要的眼镜"，而不是"这个眼镜还能不能用"。

在压缩和锁定物品的过程中，以前"对自己真正重要的东西"这一模模糊糊的概念就逐渐地清晰起来了。而这也将促进"真正了解自己的内心""喜欢上自我"的自我肯定感的提升。

另外，被父母、配偶、学校老师等价值观影响而接受的东西则是"他人轴"支配下做出的选择，而这些价值观与自己原本的价值观非常接近。

固然，他人价值观并非不好，只要记得主体不是他人，而是自己。不过，很多情况下他人的价值观不会给自己带来积极影响。这些价值观、想法随着杂物整理也一起从脑中统统卸下来。在实践断舍离的过程中，坦然地正视那些有违和感的思维、观念，建立以自我为主体的价值观非常重要。

"时间轴"就是指"现在"。

我们回顾一下在前面介绍的"无法放手的三种类型"。这三类人有一个共通点——没有活在"现在"。总是不断感叹着"太浪费了"和"以后可能会派上用场"，意识总是徘徊在过去或是将来，却没有脚踏实地正视眼前的问题，以至于人生的"现在"成为一个空洞。

在这些杂物中，有些东西可能一年才用上一回，或是红白事的时候才用得上。对于这些东西，不要从频率，而要从和自己的"关联度"的视角进行判断。

这种"关联度"也是非常重要的一点。

我们在取舍时，往往容易优先考虑物品的利用价值或角色作用，但实际上，物品的"活用价值"得以实现是以物品与我们生活的"关联度"为前提的。

再怎么美味诱人的食物，如果吃饭的人没什么胃口或是肚子吃饱了，想必也无法领略这种"美味"。

物品与自己的关联度会随着时间而变化。同一件物品，不同的人会有不同的评判，也有不同的关联度。这是所有的人·事·物三者的关系网成立的大前提。在这个大前提下，那些同时满足必要·合适·愉快三个维度的物品很快就能被锁定，并且可以摆脱把人·事·物单纯理解为非对即错、非善即恶的二元思维，逐渐形成多元性的、尊重他人的意识。在这里我介绍一个在整理杂物的过程中意识到"自我轴"，同时也迎来人际关系改善的案例。

"物品"与"我"之间的

关联度

是不是

良性的?

几乎与新品一样

还是大牌名品

价格贵

是否符合自己的审美?

而且,自己现在非得用西式的茶杯吗?

体验谈 3　找回"自我轴"，处理大量餐具

　　长时间持续实践断舍离的幸小姐（匿名），在生活上已经能够轻松自如地处理衣服，严格挑选喜爱的衣物。但是对餐具的断舍离却进步缓慢，米饭碗、木碗、茶杯、碟子、小钵、马克杯、玻璃杯等，橱柜里面摆着各种各样整整齐齐的餐具。可是她"每个都不喜欢"。

　　其实这些餐具全是婆婆送给她的，其中很多是别人给婆婆送的。看起来像是婆婆把这些送给幸小姐，其实转嫁了负担这些餐具的责任。无论是红白喜事还是各种节假日、年末送礼，各种各样的餐具络绎不绝地涌进橱柜里。这些东西也没有坏，质量也不错，所以幸小姐也没有想过把它们"扔掉"。就这样一直让餐具挤在柜子里，一挤就挤了 20 年。

　　终于，幸小姐鼓起勇气，准备收拾整理这个橱柜。

　　一旦开始向代表婆婆强行善意的橱柜出手，她马上就意识到以前白净的架子居然已经变得脏兮兮的。她把柜子里的东西全拿出来，开始一点点地擦柜子，边擦边流着眼泪："真对不起，把你弄得这么脏。"她为什么会哭呢？她根本就不喜欢这些餐具，也没有打扫过橱柜，为什么会流泪呢？因为在擦拭橱柜的过程中，她意识到自己太过顾虑婆婆怎么想，却忽略了自己

内心的声音。总是以他人为价值标准，而让自己牺牲了很多。那声"真对不起"既代表她决心要和婆婆建立新的关联性，又代表总是以"物质"和"他人"为思考基准的她向真正的自我的道歉。最后，幸小姐终于处理掉了大量的让她心累的餐具，她的生活也翻开了新的一页。

杂物上的断舍离 4

以"必要·合适·愉快"为标准进行取舍

━━━━━

第三层筛子就是"必要·合适·愉快"的视点。

这个视点是对以"自我轴"为基准的杂物取舍指南进行提炼后的"筛子"。具体是指自问自答"这个东西对我来说是必要的吗？是否适合我？使用起来是不是心情愉快？"。这种自问自答的时间轴毋庸置疑就是"现在"。

反过来，对"现在"的我来说，那些"不需要·不合适·不愉快"的东西应该处理掉。从以下三个视角对杂物进行选择和抛弃时，全部调动自己的知性、感受和感觉。

● 不需要的东西　东西使用起来很便利，虽然没有坏，但是丢了也不发愁。

● 不合适的东西　以前很重要，但是对现在的我不合适。

● 不愉快的东西　长时间使用，但会有莫名的违和感和不快情绪。

在前面我们把"忘却物"叫作"陌生的大叔"。把这些陌生的大叔赶出家门后，下面就轮到被断舍离叫作"爱管闲事的大叔"的无用之物。这些爱管闲事的大叔，人又热情又多话。与成群结队却沉默无声的"陌生的大叔"正好相反，它们也没有什么恶意，总是一片好心地鼓吹自己有多厉害。因此，并不是那么容易就能斩断与它们的关系。

如果把这些大叔换成杂物呢？

这种杂物通常是我们在各种各样的电视购物上，或推销员的花式推销、宣传轰炸下，迷迷糊糊交钱买下的。这些东西不过是"有的话确实比较便利，没有的话也不会太发愁"而已。

但是，一旦准备把这些东西抛掉时，那些"爱管闲事的大叔"就会跳出来，戴着"热情亲切的面具"开始啰唆了："这样扔掉真的没关系吗？当时花了不少钱吧，现在暂时还用不到，不过以后必要的时候还能派得上用场。再说，首先扔东西难道不可惜吗……"但是你要知道，让它们这么唠叨的不是别人，正是你自己。

与忘却物不同，这些"图个便利"的东西总是在放手时，让人恋恋不舍。所以，这种"爱管闲事的大叔"就被叫作"留恋物"。

"忘却物"的判别比较简单。只需要"集体面试"，整块地进行大规模清除就行。而像"留恋物"这种"爱管闲事的大叔"，就需要"个别面谈"，从"必要·合适·愉快"三个角度进行判断后再做处理。

首先从容易对付的"忘却物"开始，然后再对付无用处的"留恋物"，在处理这些杂物的过程中，你的"断舍离EQ"也会提升。同时也会注意到"不合适""不愉快"的"事"和"物"。只有坦然地面对自己的感觉和感受，才能看清楚哪些东西是"不合适""不愉快"的。有意识地以这三个标准进行取舍选择，才能不断地磨炼自己。这里我介绍一个案例。

你家住着"爱管闲事的大叔"（留恋物）吗？

在日本泡沫经济期度过青春时代的美登利女士（匿名），每次买西装犹豫该买棕色还是黑色时，她的先生总会冒出几句口头禅——"哪种都会用上，干脆都买了吧""再犹豫就错过了，两件都拿下吧"。先生这些话，在泡沫经济崩溃后艰难度过青春时代的美登利女士听起来就像恶魔的低语。不过，她不介意这些，结婚之后她慢慢地向先生的生活习惯靠拢，毕竟"他是自己的爱人""直接拿下两件衣服，也不会浪费时间"。

原本喜好简约清爽风格的美登利女士，发现自己家里一直在不停地增加各种各样的杂物。有一天，先生告诉她想搬家去邻近的城镇，他在那里刚买了一个大房子，他想在大自然中悠悠闲闲地过日子。不过，这其实是个幌子，实际上是先生觉得家里东西多得放不下了才想换房子。美登利女士无法对先生说出自己的心里话——对两个人来说，这么大的独栋独院居然放不下东西了。

不久，日本突然发生了大地震。地震引起的核电站事故导致新家所在区域变成了禁区，搬家的意义已经不存在了。这时候他们遇见了"断舍离"。

美登利女士读了很多遍书籍，她抑制住兴奋的情绪，在心中做出了断舍离的清单。在做好充分准备之后，她开始实践断舍离。OL时代的套装、别人送的自己却不怎么喜欢的大牌包、忍着脚疼穿出去的高跟鞋、婆婆给的辟邪用的钱包、因开始亲自洗碗而不再使用的洗碗机……她从"必要·合适·愉快"这三点开始实践断舍离。

妻子兴奋地处理她自己曾经颇为喜欢的东西，这让她先生觉得很不可思议。可是当看见不需要的杂物被整理出能占一卡车的量时，听到自己的妻子提议搬家到市区的公寓里时，总是疲于长途上下班的先生爽快地答应了。搬家后没过多久，某一天，美登利女士听先生说"可能不需要电视机"——之前在独栋独院里用的60英寸大电视搬进两室一厅的小公寓里，确实大得很不合适。美登利女士吓了一跳，没想到原本以"犹豫的时候就买两件"为口头禅的先生，居然会说"墙壁又白面积又大，咱们买个小型投影仪就行了"。

一周以后，没有电视的生活开始了。以前边吃饭边漫不经心地盯着电视机的先生居然开始面对面地和妻子吃饭了，而且两个人聊天的次数和质量飞速提升。并且，先生毅然决然地与"丰盛的午餐以及吃饱、吃撑的饮食习惯"分道扬镳，上班时带着妻子亲手制作的蔬菜汤当作午餐。坚持了两年后，先生成功减重36斤，体检后发现身体健康度也从C级提高到A级。

减肥成功的先生非常高兴，开始严格挑选自己想穿的衣服。运气来了挡也挡不住，当时正赶上人事调动，又获得晋升。正想用扫地机做家务时，又在公司举办的活动上中了头奖——扫地机。运气好得简直让人大吃一惊。

另外，说起来，美登利女士和先生的"夫妻关系"也在发生质的变化，新婚以来，两个人虽然并没有吵过架，但也过得仿佛是结婚之前的单身延长线一般。因为美登利女士并没有什么自我认同感，她不愿意被先生讨厌，也不需要负什么责任，干脆就把想说的话咽进肚子里。就靠着这种脆弱的"轻松感"一路走过来。

而当她默默地努力，重新取得"自我轴"后，给自己的夫妻关系带来了重大改变，也把自己的先生带进了生活的良性循环里。

"不需要·不合适·不愉快"的杂物

不需要	即便没有也不会发愁	❶ 很便利，偶尔才会用。没有的话，对一年的生活也没什么妨碍。	烫酒器等季节性商品 / 在厨房占地方的电热壶 / 偶尔喝，却没什么明显效果的营养剂）
		❷ 以"总会用得到""反正又不会坏掉"为借口而囤积的日常消耗品	大量的保温剂或是在便利店随手拿的一次性筷子或汤勺 / 保鲜袋、带拉链的袋子、密封瓶罐等厨房备品 / 重复买过两三次多余的便笺纸
		❸ 量大得让人怀疑"真的会来这么多客人吗？"的待客用品	平常不怎么用的餐具 / 从酒店顺手带回来的小包装的牙刷、小袋洗发露、刮脸刀 / 过多的客人用的寝具
不合适	对自己不合适	❶ 东西可能不错，不过不是自己现在的风格	很多年前花大钱买的大牌外套、大牌鞋子、大牌包包 / 别人送的但自己不感兴趣的高级毛巾 / 曾经热衷的收藏物
		❷ 被他人看到会感觉非常不好意思	被异性看到感到很抱歉的旧物 / 只看封面就入手的难读懂的书籍 / 只能在家里或周边活动而不敢穿出去的皱巴巴的衣服
		❸ 以前爱不释手，现在却不怎么用的东西	非常爱惜，不知何时却发现已经破烂不堪的粗布 / 以前的恋人或朋友送的礼物 / 以前在老家用，所以现在也漫不经心地用的东西
不愉快	使用起来心情不好	❶ 使用时身体的某个地方总觉得不舒服	不喜欢其味道却懒得再换而继续使用的洗发露 / 躺上去坐上去发出咯吱咯吱噪声的床或椅子 / 不好吃却勉强吃的免费零食
		❷ 喜欢是喜欢，用的时候却有压力	非常喜欢却穿起来不舒服的皮靴 / 设计感强且不粘锅但用起来不尽如人意的煮饭锅 / 经常穿出去却很快起球的毛衣
		❸ 以前是必需品但是与现在的生活风格不相称	基本上不再用的微波炉 / 用砂锅后基本上不再用的电饭煲 / 喜欢手磨咖啡却为了"保险起见"买的自动咖啡机

杂物上的断舍离 5
收纳在杂物最适化之后进行

━━━━

　　清除忘却物，抛弃留恋物，筛掉不合适不愉快的东西。

　　到了这个阶段，家里的杂物量应该已经压缩很大一部分了。留下的东西也是比较高质量的。从空间感觉上说，家里比以前显得更加宽敞、轻松、呼吸顺畅。

　　只有将杂物压缩到这一步，才能真正进入"收纳"环节。在"收纳"之前，在这里介绍一下断舍离对于"收拾"和"打扫"的定义。

- "收拾"就是对庞大的杂物量进行压缩和收纳的作业
- "整理·分类"＋"扫除"，总称为"打扫"

曾经在一本杂志上的关于收拾家务的特辑中，卷首一页介绍除污小苏打的使用方法时，发生了令人吃惊的问题。原来不光是普通人，连这些提供知识的专业杂志也把"收拾"一词当作"整顿"或"扫除"等几个意思稀里糊涂地使用。

因此，突然要对因囤货而藏污纳垢的家里进行"大扫除"时，本来应该像断舍离所说的先从大量的忘却物、留恋物开始处理，可是很多人热情高涨过头，却先转而要买最新的扫地机或是强力清洁剂等。所谓本末倒置，不过如此。

面对"大扫除"时，我们的思维很容易混乱不堪。

而在"断舍离"的大前提下，最正确的"打扫"程序是首先清除那些垃圾、废品，以及不需要·不合适·不愉快的杂物，之后再转而进行杂物收纳，进行"清扫·擦拭·磨刷"。

因为，不按这个顺序做的话，把垃圾、废品或者不需要·不合适·不愉快的杂物重新塞进收纳箱，就完全失去了打扫的意义。而且，塞进柜子之后，这些杂物依然是以"机能不全"的状态藏在家里，"大扫除"并没有任何实际的意义。

以前，有从事家政服务工作的朋友来听过断舍离的讲座。他们听课的原因让我印象颇深：

"从工作角度上看，家政人员没有权利对杂物进行选择取舍，连那些怎么看都是垃圾·废品的东西也只能拿出来，清理

"打扫"的概念、收纳与断舍离的区别

打扫

收拾
反复进行"断"与"舍"
（压缩物量）

重新审视自己与东西的关联度

彻底收拾后
再转移到"整顿"与
"扫除"上

到这个阶段后才开始进行收纳术

整顿
杂物的移动
（整理·收纳·分类
的阶段）

扫除
清扫·擦拭·磨刷

※ 在"断舍离"中，"打扫"与"扫除"不同，前者是
"收拾""整顿""扫除"三个动作的总称。

断舍离的「收纳」状态

柚屉里乱七八糟

一般意义上的「收纳」状态

一下，再放回去，重复来重复去，工作中充满说不出来的矛盾和徒劳感，所以自己深感断舍离的必要性。"

现在市面上充斥着大量的关于"整理术""收纳术"的书籍，其中很多书并没有提醒读者思考东西的价值，而把着眼点放在"如何高效率地保管·分类杂物"上。

这样就导致按照书里的方法整理家务后，实际的杂物量并没有减少。收纳箱里囤的东西也不知道什么时候会派上用场。所谓"整理"并没有达到整理的效果。

而断舍离正好相反，它是以东西的代谢为前提的。

在进行断舍离之后，空间会呈现动·流的感觉，也就不需要那些为了储藏或分类物品而购买或制作的收纳用品，甚至一开始就会把用于收纳的用具处理掉。

因为，在有意识地以"自我轴"和"时间轴"进行断舍离的过程中，杂物的量会做到尽可能地压缩，最少量收纳容器就完全足够。也就是说，断舍离收纳概念的出发点在于"如何才能不做收纳"。

另外，"收拾"一词从广义上来说是"收拾残局""善后"的意思。它的反义则是我们"置之不理""放任不管"，又或是当自己与物品关联性了断后，物品还处在原先的位置，甚至被遗忘。

"善后"，如字面意思一样，认认真真地将一件事做到"最后"，我们需要通过"断舍离"，真正地掌握这种做事情做彻底的感觉。

收纳指南 1
"三分法"

—————

在对压缩、挑选后的杂物进行收纳时，我这里介绍五种收纳指南。

在讨论会或讲座上，经常有人这么问我：

"我能扔掉 ×× 吗？"

"没有用多长时间，能扔吗？"

…………

但是，断舍离并没有什么规则或说明书。因为，东西能不能扔掉，选择和决定权不是别人，正是东西的所有人——你自己。

在这样一个物质过剩、各色价值观横行的世界，对这个简单的道理也心存困惑也是无可厚非的。因此，断舍离虽没有什么规则指南，但能提供"自我轴""时间轴"和"必要·合适·愉快"等新的思考方式。

同样，"收纳"并没有什么既定的规则。

"收纳"并没有什么手把手的操作手册，不是按照操作手册上一步一步来就能做好收纳作业。常年和杂物、空间打交道，我找到了各种与它们"友好相处"的方法，在见证过各种各样的事实和案例后，我总结了几条黄金定律。

首先，在把杂物放入收纳箱前最重要的是"分类"。

整理·分类的工作只要想做是做不完的。但是分得太细，自己也记不住；分得太粗，东西又不太容易找到。断舍离把分类作业分为三个要点：

大分类→中分类→小分类

把自己想分类的杂物按"大中小"分为三类，然后再重复三遍。小分类部分完成才正式进入"收纳"阶段。

日语中有很多常用的三字词，如"松竹梅""金银铜""天地人"等，被称为"三字诀"。人们的大脑已经非常熟悉把事物分成三部分的方式。二分法会形成对立，四分法则事无巨细，会导致遗漏。因此，断舍离也分为"断""舍""离"三部分。

接下来，以厨房为例，介绍一下三分法。

大分类

先把厨房中的所有东西分为"食材""料理用具""餐具"三部分。这次分类关键是三类不能交叉。餐具类放入调味料，料理用具旁边放马克杯之类的都属于范畴错误。这种错误越多越会导致找东西花时间，思维也会发生混乱。

中·小分类

（食材）

我自己的家里，所有食材包括调味料和生鲜全部都放进冰箱里。冰箱有三个门，从上到下是"冷藏室""蔬菜室""冷冻室"，不同的食材放在不同的区域。比如：

● 冷藏室　食品、饮料、调味料等
● 蔬菜室　叶菜类、根茎类、作料类等
● 冷冻室　已经做好的熟食、准备做的食材、需要冷冻的零食等

（料理用具）

根据用途分为"洗涤类用具""燃气类用具""电器类用具"

厨房分类模板

大分类	中分类	小分类		
食材	冷藏室	食品	饮料	调味料
	蔬菜室	叶菜类	根茎类	作料类
	冷冻室	已经做好的熟食	准备做的食材	需要冷冻的零食
料理用具	洗涤类用具	搅拌盆	竹笼屉	切刀类
	燃气类用具	平底锅	蒸煮锅	工具
	电器类用具	加热用	料理前加工用	其他
餐具	碟盘类	大盘子	中型盘	小碟子
	器皿类	陶瓷制	漆制	金属制
	饮瓶类	茶杯	玻璃杯	葡萄酒杯

三类。比如：

- ●洗涤类用具　搅拌盆、竹笼屉、菜刀、切菜板等
- ●燃气类用具　平底锅、蒸煮锅、大汤勺等
- ●电器类用具　烤箱、微波炉、厨房多用机等

（餐具）

首先把餐具分为三类，"碟盘类""器皿类""饮瓶类"，根据用途、大小、质地等再进行小分类，用起来比较方便。

- ●碟盘类　大盘子、中型盘、小碟子
- ●器皿类　陶瓷制、漆制、金属制
- ●饮瓶类　茶杯、玻璃杯、葡萄酒杯

分类方法没有绝对答案，大家可以根据各自的生活习惯，建立自己的三分法。需要强调的是，最开始的大分类如果出错的话，之后的中分类和小分类部分会出现问题，因此认真地做好大分类是关键。

不过，还是有很多人不知道怎么开始。

我们长时间把焦点放在"物质"上，导致视点水平低，视野幅度狭窄。也就是说，缺少俯瞰整体的能力。

观察一下市面上流行的"收纳术"，就会发现，很多都是一开始就进行具体分类，接着就是更加细微的分类，这样只会导致收纳出现混乱。

就像从日本→东京都→港区一样，焦点从大区域逐渐过渡到小区域，才不会引起思考的混乱。

收纳上的分类思维方式也能磨炼工作上必备的技术。能在生活中锻炼工作的思考力，进行断舍离式的收纳也是很有价值的。

收纳指南 2
"7·5·1法"

"7·5·1法"指的是进行杂物收纳时，对收纳空间的物量进行的大致估测。

根据不同的收纳情况，将杂物总量压缩到收纳空间的"7成""5成""1成"，该法则与下一节的"1 out 1 in法"统称为"总量限定法"。

"看不见的收纳空间"占7成

像衣柜、壁橱、抽屉等关上门就"看不见的收纳空间"所放杂物的量基本上占整体空间的7成。

这个比例其实是为了建立物品进出的通道。也许有人觉得反正"看不见"，塞得满满当当的，放成乱七八糟的样子没关系。但是相比很多人碰到过，想拿柜子最里面的东西时，不得不先把前面的东西拿出来再重新去取……这个过程非常麻烦。

显然，不会有人想收拾一个塞得满满的收纳柜，余下3成空间会让人提起"收拾"的劲头。

"看得见的收纳空间"占5成

像带玻璃门的碗筷架或橱柜等关上门依然能"看得见的收纳空间"所放杂物的量基本上占整体空间的5成。

因为外面总能看见里面收纳的杂物，所以应该尽量地保持一定的美观。"美观度限定量"为5成。正因为既不"炫耀"又不"隐藏"，空间才能自然地流露整洁美好的印象。

"展示性的收纳空间"占1成

像玄关鞋柜上或橱柜上等水平面上的"展示性的收纳空间"上所放杂物的量基本上占整体空间的1成。

这个比例借鉴了美术馆或艺术画廊艺术品的布置。宽阔的空间上仅装饰一幅作品，整体会显出美感。虽然我们的居住空间里并没有美术馆的条件，但是以"1成空间放一点"的思维去装饰空间时，即便是不起眼的日常小物件也会带出空间的美感，形成别具一格的装饰品。

可能有人认为"7·5·1法"太过浪费——收纳空间竟然

没有 100% 地利用起来，而还分成 7 成、5 成、1 成。

其实只要杂物的总量减少后，就不会觉得没有完全利用空间就会浪费，甚至觉得"7·5·1"的比例很合理，并且能重复享受取舍的过程。

比如说，"看得见的收纳空间"中有 20 件杂物，那么就要思考"这 20 件杂物中我要留下哪 10 件"，接下来就会自动地挑选"自己最喜欢的 Top10"放入收纳柜中。

另外，限定杂物总量，从"自我轴"和"时间轴"认真进行杂物取舍，才能让居所的各个地方产生出"留白"，用于创造更加有内涵的美的空间。

"1 out 1 in 法"

———

这是为了坚持上一节"7·5·1"收纳空间整理法所必需的。当我们按照"7·5·1"的原则收纳好喜爱的物品后，假如突然又入手了一件新东西，就需要去掉之前的 Top10 的末位物品，而补入这个新物品。

反复进行这个"1 out 1 in"后，我们会深刻领会到自己收纳的东西越来越喜欢，自身的审美意识和品位在逐渐地提升。

不过，值得注意的是要遵守"处理一个，收纳一个"的原则。一般在收拾家务时经常是"收纳一个，处理一个"，不过断舍离的 out 走在 in 前面。

原因在于，先收纳一个（即使是临时的），物品总量就会超过限度。

反过来说，先取出一个，再放入新东西，就不会出现失败的可能。夸张地说，就是故意把自己置于必须"背水一战"的情景下。那么收纳东西的心理准备与"先进后出"一定不同，而且筛选购买东西的水平和能力也会提升。

也就是说，特地给自己制造"为难的境地"，让自己产生"决不能再随意买一些乱七八糟的东西！"的觉悟。这样一来，在面对可入手的诱惑时，有一点犹豫的话也不会冲动购入。

同时，"先出"的概念与新陈代谢或呼吸运动也是相通的。有意识地"先出后进"，才能唤起良性循环。

这个规律不仅适用于物，同样也能用在事和人上。

当一个人还没有和"关系已经走到尽头"的恋人正式分手，就开始和新的恋人开始交往，人们一定会对这个人抱以不自然的想法。

即便多么想拥抱崭新的有魅力的人、事、物，我们首先应该做的是把之前的"人·事·物"之间的关系"收拾"干净，整理清楚。这才是断舍离的思维方式。因为先处理之前的关系才能切实地提升再一次的"获得"的质量。

这里介绍人·事·物进行"1 out 1 in"的两个案例。

当她扔掉一堆教人如何赚钱的书之后……

一直拼命想赚钱的今日子小姐（匿名），在遇见断舍离后，把自己家里收藏的 47 本教人如何赚钱的书一口气扔得干干净净。

她意识到这 47 本书代表着自己对"钱"过度的执念。当她清理了这 47 本书的同时也意味着她摆脱了"有钱人 = 人生赢家"的思维怪圈，改变了自我的金钱观。

之后没多久，发生了一件意想不到的事情——她从几乎不怎么联系的父母那里分到一笔财产。刚刚摆脱了对金钱的执念，金钱却又不请自来了。

不像真事的真事。

当她顺利结束前一段关系时……

理香小姐（匿名）是一位离过婚的 30 岁女性。

离婚后，她又遇见一个人，接着就是轰轰烈烈地恋爱，两个人已经订婚了，但是最后的最后依然还是分手了。

在消沉了很长时间后，她因为断舍离意识到自己对于"结婚"二字的执念。伤痛愈合后，她来到了曾经祈祷过幸福婚姻的神社，而这次她是去"解愿"。所谓"解愿"就是当一件事情了结之后，不管结果如何，都去神社感谢神灵和陈情。

谁都多多少少会去神社或寺庙里祈愿祈福。理香小姐认为"当自己祈求过什么小愿望时，不管结果好坏，最重要的是好好地做个了断"。当理香小姐"解愿"之后，她变得神清气爽，连朋友都觉得她气色不错。

虽然并不是什么杂物收纳，但通过"收拾整理"自己的感情，理香小姐感到有什么崭新的东西进入了自己的内心。之后，她遇见了和自己家境相似的人，两个月后订婚，意气相投的两个人很快就结婚了。

收纳指南 4

"one touch 法"

―――

我们在进行杂物的取舍和收纳时，都希望能更快更好更不费时间精力。

实际上，即便是限制了杂物总量，做出留白，创造美好的空间，在进行杂物整理收纳时，打开收纳柜的门，取出里面的箱子，再打开盖子——这三个动作足以让人觉得太过麻烦了。

同样，使用之后再收纳同样也会花时间，所以更不愿意再重新放回原位，只会随意扔在桌子上或地板上。

因此，杂物拿出放入的动作就是：

"打开门→拿出来（放回去）"。

只需要把动作压缩成这两步，以 one touch（一键式）取出来，这样一来既没有了什么多余的压力，也不会觉得"太麻烦"。

我基本上是把要放进箱子里的杂物打开盖子进行收纳。

像一些袋装的咖啡奶油等，袋子口朝外翻折一下，张着袋子口放进冷藏库中。

有人会用橡皮筋儿把袋子口扎起来，但其实这么做无论是扎皮筋儿还是解皮筋儿都很费劲儿。而且很多东西并不需要密封保存。对于需要扎口的东西，我一般用洗衣服用的衣服夹或长尾夹。

尤其是觉得"家务事真烦琐"的人，一定要动动脑子，下点功夫去减少"花时间的、烦琐的"做法，这样的话，家务活做起来会越来越有意思。

收纳指南 5
"自立·自由·自在法"

————

　　我们在收拾衣服、毛巾时会无意识地把东西叠得有棱有角，让东西看起来整齐，拿起来方便。而"自立·自由·自在"的原则就是将这种审美意识提高一个层次，使家里的各个地方都能看出主人的用意用心，建立一个舒适自由的空间环境。

自立

　　在收纳杂物时要有"立"意识。

　　家里厨房的毛巾放在方形浅盘里，最多放 10 条。总量限定后，整齐地叠放，摞在盘子里。看起来又美观又方便拿取。

自由

这里的自由是指"选择自由"。

便利店的饮料柜里各式各样的塑料装饮料摆得整整齐齐，一目了然，我们想买哪个就买哪个。而且当最前的饮料被买走后，相同的饮料马上被推到前面补位。其实，收纳杂物时可以借鉴这个方法。

餐具柜中像茶杯、玻璃杯、葡萄酒杯之类的杯子，可以根据不同的种类进行分组，一个一个套着摆放，方便拿取。如果乱摆一通，我们往往只用手边的杯子，而浪费了其他杯子的价值。

自在

衣服类等无法"立式"收纳时使用的方法。

"自在"有"随心所欲"的意思。底裤、T恤、袜子等不要让其绷开，团着叠起来。底裤和袜子团成小块，而且不能绷开散开。其实这个工程收拾起来很有趣。

在我家，底裤团着叠好后就扔进筐子里，而T恤则叠成圆筒状，"自立"着放入收纳箱。另外，放进收纳箱里时，不要挨挨挤挤地塞进去，有点间隙空当地放进去，心情也不会"太拥挤"。

杂物的"自立·自由·自在"的状态也会有利于它的主人

"自立·自由·自在"地生活。

另外，因为厨房的柜子抽屉太多，很多时候我们找不到太多地方放筷子、勺子等餐具，只能挨挨挤挤地堆在一处，整体看上去显得很不美观。

"断舍离"首先会压缩物量，去掉多余的隔间隔板收纳箱，把空间变大变宽敞，从而能在宽松的空间里放置杂物，这样也会让心情不那么"拥堵"，变得宽松、舒畅。

假如你是被收纳的杂物，你愿意待在自己整理的收纳箱吗？

每天开合的抽屉、筐子、箱子里到底是什么样子？

这些答案自然是不言自明的。"物如其人"，杂物收纳的样子就是你本身的样子。

"自立·自由·自在"锤炼审美意识

自立

毛巾、T恤等布艺制品立着叠放入收纳浅盒中。

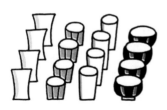

自由

根据杯子的不同形状种类排列，方便自由拿取。

自在

底裤、袜子等小件衣物团着折叠扔进收纳盒中，自在滚动。

从切实能出成绩的
小地方着手

我们已经介绍了断舍离的具体实践方法。

这些方法可以浓缩成"处理不需要的废品""出"几个字。这几个字能够表达出断舍离的精髓。

因为处理杂物也有其正确的方法。

对于初学者来说，一提到处理杂物，首先想到的是如何扔掉自己最想抛弃的东西。其实，很多人一开始实践断舍离，想都不想就先拿自己最纠结的书籍或衣物类开刀，这样反而无法坚持下去，产生了多余的杂念，最后没有什么成就感，"断舍离"也半途而废了。

断舍离则是"加分法"。也就是尽管得分较低，全力集中在

"达成事件"上，一点点地增加成就感。

以前高考复习法中流行一种学习方法——做一做小学生的算术题给自己打气加油。

让高考生做小学生的算术题简直是杀鸡用牛刀，每项肯定是满分。这种方法就是通过做小学算术题来体验"我能得满分"的小小成就感。小成功的不断叠加会给人带来巨大的自信心。

而断舍离也正是要从非常简单的小地方着手的。小地方获得的小成功的不断累加，能给人以勇气和信心去面对自己的老大难问题。

面对家庭、工作上的种种不称心不顺意，我们会不由自主地给自己扣掉分数。那么，在"断舍离"的实践上就多给自己加分数，自我表扬"又扔掉一件杂物，成功了"，给自己的"自信心账户"一点点地转账存钱。

这样既可以避免不必要的精力浪费，也不断地鼓起勇气面对断舍离的问题。可能有些人会觉得自己从"收拾钱包！""收拾桌子的一个抽屉"这些小地方开始收拾没问题，但是一想到整个房子都要整理清理一遍，就会感觉任务好大、脑袋很疼。这其实也是对我们自己的心理小锻炼。

还出现一种现象——"我也不是不懂断舍离的道理，也认为清理东西很有必要，但是，我就是莫名其妙地提不起劲儿来，动不了……"也就是说，总是我已经发动起来了，却没向前走，车轱辘一直空转。

这就像士兵上战场前突然丧失战斗力一样。有限的时间、有限的精力、庞大的整理量，三座大山横在面前，我们会下意识地觉得特别束手无策，不知如何是好，只好装作若无其事，半推半就地把处理杂物的任务无限期延后了。

有很多"必须去做的事情"，却"提不起劲儿行动"，这种"有心无力"的状态持续下去，会过度泄漏我们的精力（精气神）。这才是真正的"太可惜了"。

这时候，我们有必要重新回到原本的出发点——现在的自己，负载的人、事、物已经过大过多了。

其实话说回来，东西多的人往往面临的事情也多，首先压缩一下自己要处理的事情。然后从最简单的一小点开始实践断舍离。

不过，这种情况也容易让人觉得"所有的东西都很重要"。正因为如此，更要有意识地通过杂物整理，锻炼"现在、这里、我"的三要素标准。

只有这样，才能看清楚"对现在的我来说什么最重要"。

12 年前，由美女士（匿名）生下一个有残疾的孩子。当时她的先生每天加班到深夜，可以依靠的亲戚和朋友又不在身边。而她的第二个孩子依然有残疾，并且孱弱多病，是医院的常客。

"为什么只有我这么不幸？！"

雪上加霜的是，她又得了疝气，身体无法自由行动，做手术也无法根治。这种 24 小时折磨人的病痛，再加上两个需要照顾的孩子，找不到人帮忙的她甚至想过一死了之。

重压之下，家里就变得乱七八糟，到处脏兮兮的，灰尘遍布，对现状灰心丧气，对自己麻木不仁的她，每天如行尸走肉般得过且过。

当她的健康逐渐恢复，身体能一点点地自由活动时，她遇到了断舍离。在与断舍离的老师和学员朋友进行自我剖析时，那个曾经连哭泣都忘记了的她竟然变成了"小哭鼻子虫"，痛哭流涕。当眼泪流出来时，她把憋在心里的苦楚和无奈也流"出"来了。

当她重新找回自己的笑容，要再次振作起来时，回到家里后，眼前依然是翻倒的垃圾桶、依然是衣来伸手饭来张口的两个孩子，还有加班到深夜的先生。

"光这些事情就够我受的了，哪还能腾出手来收拾东西。"当她脑子里蹦出这些念头时，断舍离的学员朋友来了一封意想不到的信：

"今天的断舍离就是这个。"

短信下面附有一张扔掉的筷子的照片。

"?！难道这就算是断舍离了？那我也能做！"她瞬间鼓起勇气，开始迈出断舍离的第一步。

她飞快地走到厨房，只留下好的筷子，把有瑕疵的筷子捆起来一起扔掉。瞬间，平常把她弄得心烦意乱的空间居然变得整洁宽敞了很多。

那天以后，由美女士的身上开始发生变化了。

以前那位"只剩下 15 分钟，什么也干不了"的稀里糊涂过日子的人逐渐变成了"还有 15 分钟呢，看看有什么地方还能做断舍离"的积极乐观面对生活的人。她现在特别有精神劲儿，总想着找点事情做。实践断舍离之后，家里的各个地方都发生了变化，变得让人心情舒畅，甚至变得让人想轻声哼歌。

由美女士以前也不是没有听过关于整理家务的方法，但是都没有在生活中实践，她说："连我这样脑子都生锈了的人，也认识到了能收拾的东西就在眼前。"也就是说，断舍离让她看待事物的角度发生了质的变化。

断舍离会表现在行动的结果上。这些结果也一点点地转化成了她的喜悦和自信心。

她鼓起了勇气，用心面对自己的两个孩子，直面自己的命运。

有心无力时，
先找"出口"

断舍离把我们的生命分为三块——肉体生命、社会生命、精神生命，三者是我们生存下去不可或缺的。

- 肉体生命是作为生物的人的生命。
- 社会生命是对归属和被承认的欲望。
- 精神生命是对智慧、美、沟通的渴望。

我们常常认为只要肉体生命存在，就是活着。假如这个论调是真的，那么就不会有人因为被解雇而痛苦自杀，也不会有人因爱而身心疲惫走向生命尽头。

无论是谁，不管他生活在哪个地方，都会有一种倾向——

轻视肉体生命，只关注社会方面和精神方面的事物。这种倾向也许可以归结为"人性"。但是肉体生命是一切的基础。只有这个肉体基础健康良好，才可能让自己的社会生命和精神生命绽放光彩。没有气力开始实践断舍离，总也迈不出第一步的人，首先要让作为根基的肉体生命恢复元气。

断舍离通过改善作为生命基台的肉体的生存环境——家，来保持三个生命的完备与健全。它并不是简单的内装或收拾整理，甚至可以说是回归作为人的尊严的"空间创造"。因为我们正处于一种散漫颓废的空间中，在无意识地折磨自己。

另外，我们的居住空间的每一个部分按照这三种生命扮演不同的角色。

比如说：厨房和浴室、洗漱台直连着"肉体生命"，客厅、书架直连着"精神生命"，橱柜和书房直连着"社会生命"，等等。

每个人对自己的居住空间各个部分的角色定义各有不同，但假如我们从这三种生命的角度再观察居所时，会发现自己的哪一种生命显得较为脆弱。

断舍离的精髓在于"出"，因此，在家中实践断舍离时先从"出"这一点着手，恢复家里的流动感。比如说厨房主要是水池、排水管、垃圾桶这些需要"出"的地方。当我想活动一下身体时，就会重点清理这些"出口"。

从上到下俯瞰厨房的剖面图时，可以清楚地看见不同的东西扮演着不同的角色：冰箱和食品柜是杂物入口，排水管和水池是杂物出口等，也就是说，厨房这一个空间同时包含了入口和出口。这些地方，我们在清理出口的时候，也会自然想到严格控制入口。

当人们清理出口，消除阻塞后，会更加注意入口，严格筛选进入的杂物。

一出一进才是真道理。

厨房以外是 3B，就是浴室（Bathroom）、卧室（Bedroom）、厕所（日：Benjo）。

浴室能洗去肉体的污垢，厕所冲走排泄物，卧室驱赶走疲倦。几乎可以断定，那些在肉体上疲惫不堪的人他们身处的这三个场是混乱的、肮脏的。因此，总发愁"该从哪个地方着手"的人应该针对相应的"出口"实践断舍离，首先要在相应的场，恢复肉体上的舒畅和健康。

三个生命基台即是"居所"场

○ 肉体生命
● 精神生命
● 社会生命

居所 = 三个生命的基台

社会生命
橱柜
鞋柜
书房……

精神生命
客厅
小餐厅……

肉体生命
厨房・洗漱台・浴室……

整备居住环境，发挥"场"力量。

居所整体进行
断舍离的要点

―――――

以下是针对居所整体断舍离时，总结出的各个位置的象征性意义和对各个位置进行断舍离的要点。

【断舍离的步骤】Step1 "认清现状"，Step2 "选择取舍"，Step3 "收纳整理"。

衣柜的断舍离

很多人每次拉开橱柜，看见满满当当的一摞一摞衣服，总在唉声叹气 "没有衣服可以穿"。而 "衣着" 在一定意义上是我们社会性的或精神性的自我意象的投影，因此 "没有穿的衣服 = 没有想穿的衣服" 相当于还没有稳定的自我意象。

我们总是凭借衣物穿着来把握 "潮流" 这种季节性的能量。

不过，假如自己并不欣赏"潮流"，那也没关系，按照自己的感觉进行断舍离，严格挑选自己喜爱的衣服，它们也会不断给自己带来高新鲜度的能量。

【断舍离的步骤】

● Step1　把柜子的门全打开，拿出所有的衣服，全部摆在面前。

● Step2　丢掉发霉的旧衣服、有裂缝划痕的破衣服等不能再穿的衣服，从"必要·合适·愉快"三个维度压缩衣服量。

● Step3　衣柜基本上是"看不见的收纳空间"，物量应该大约占空间的 7 成。从"易取·好收·美观"三个维度收纳整理，做到使用方便。

壁橱的断舍离

老实说，实际上很多人想要好好考虑某些东西要不要处理掉，但是往往不愿意面对扔掉东西后的麻烦和后悔，于是胡乱找个临时的地方"强塞进去"等以后再用。这种类似反射性的"给臭东西盖上盖子，眼不见为净"的做法，就是思维贫乏的表现，而被强塞进壁橱里不再穿戴的衣物就是懒惰的证明。

另外，日常生活中看不见的事物常常和自我的潜意识相连接。关于壁橱的整理，有一位学员的案例让我印象深刻。

多次恋爱却没有开花结果的她在接触断舍离后，突然发现自己的壁橱深处塞着纸箱子，箱子里面全部是结局不幸的悲剧恋爱小说。这个箱子与客厅的书架上摆成一溜儿的社科类书籍形成鲜明对比。于是她打开了壁橱，把一箱子的悲剧小说，连同自己消极的恋爱观一起抛掉了。听说，后来她又邂逅了新恋情。

换句话说，处理掉忘却物象征清理潜意识中的沉淀混浊物。同时，把"看不见的收纳空间"整理成无论对谁都能大大方方展示的状态，才能立竿见影地提高自我肯定感。

【断舍离的步骤】

● Step1　完全打开壁橱，拿出所有东西，摆在面前。

● Step2　从已经毁坏的、不能用的杂物开始处理，逐步以"必要・合适・愉快"三个维度压缩物量。

● Step3　壁橱基本上是"看不见的收纳空间"，物量应该大约占空间的 7 成。从"易取・好收・美观"三个维度收纳整理，做到使用方便。

厨房的断舍离

厨房是蒸煮锅、平底锅、料理器具、密封瓶罐套装等厨房用具类的杂物聚集的巢穴。这里的很多东西都是在"我要做个料理高手""我要当个好主妇"之类的冲动下买下的。一旦这些东西买到手后，就仿佛这些白日梦已经成真了一样，主妇们就会把它们抛到脑后。

那么到底自己是在冲动下购买的，还是因真的想做好料理而下定决心购买的？只要看看东西现在的使用状态就一目了然了。

常见的一种状态是：厨房用具、刀具挨挨挤挤地堆在抽屉的隔断收纳盘里，还有家常菜附带的一次性筷子或塑料汤勺等和"能用却不想用"的东西杂乱地塞在一起。

假如尽可能地压缩这些厨房用具的量，将它们松松散散地放在抽屉里，既好拿又好放，那么收纳隔盒根本用不上。不是用隔断来固定杂物的位置，而是让它们身处一个"宽松舒适"的空间。这样，当我们打开抽屉，犹如爽风吹拂一般，心情也会很不错。

民以食为天。厨房整理是整备全家人生命基台的重要作业。在繁忙的日子里，我们也许会感到过于麻烦，但是我们应该根据不同的情况，判断这种麻烦是"必要的麻烦"还是"可以省掉的麻烦"，从"one touch 法"的角度来看，整备出能够轻松煮饭和便利行动的路线，才能提高全家人的生命质量。

"吃饭"，吃的不仅是味道和营养，更是"气氛"。煮饭时，不能急躁地撒调料，最重要的是创造美好的煮饭吃饭氛围，这会让饭菜更香。

【断舍离的步骤】

- Step1　完全打开橱柜，拿出所有东西，摆在面前。

- Step2　从已经过期的食品、不能用的工具和碗筷开始处理，逐步以"必要·合适·愉快"三个维度压缩物量。

- Step3　厨房橱柜和抽屉基本上是"看不见的收纳空间"，物量应该大约占空间的7成。从"易取·好收·美观"三个维度收纳整理，做到使用方便。

餐具柜的断舍离

吃饭并不是填饱肚子，而是五官一起感受色香味的愉悦时刻，没有什么比吃饭的用具更能左右饭菜的好坏了，那么，可以说盛放食物的餐具正是让食物以美好姿态登上舞台的衣装。

与衣服不同的是，它们不会被端到外面去，而是为了盛自己和家人的饭菜。因此，可以说对餐具讲究品位和美感的人其实怀着让自己和家人愉快吃饭的心情。进一步说，他们并不在意是不是被人看见，只是内心"想这么做"，这种理想形象就是他们的自我意象。

断舍离把"款待自己和家人"作为基本的思维方式之一，因此并不把餐具分为待客用和日常用。我们可以考虑从这个角度取舍杂物。

很多家庭的餐具柜都是玻璃橱柜，属于家里"看得见的收纳空间"，所以摆放自己喜爱的餐具是一件特别享受的事情，能够锻炼我们的审美意识。把餐具摆放在餐具柜里就像把一张画嵌入画框里一样，会给厨房带来别具一格的风格。

因此，当我去那些总是发愁收拾家务的人家时，总是先从餐具柜着手，把餐具柜收拾得美观整洁，来激发他们断舍离的动力。

【断舍离的步骤】

● Step1　完全打开餐具柜，拿出所有东西，摆在面前。

● Step2　从有裂纹的、有缺口的餐具开始处理，以长期未用的餐具或待客用餐具为重点，逐步以"必要·合适·愉快"三个维度压缩物量。

● Step3　餐具柜基本上是"看得见的收纳空间"，物量应该大约占空间的 5 成。从"易取·好收·美观"三个维度收纳整理，做到使用方便。

冰箱的断舍离

一般来说，冰箱里都是食物，只需从保质期和"好吃不好吃"来取舍就行，所以冰箱正是最容易实践断舍离的地方。另外，冰箱里的食物大部分都是"生鲜食品"，断舍离时同样也要重视"新鲜度"。

如果冰箱被塞得满满当当，而其中一些食品自己碰都不想碰，却又不想扔掉，这其实是"太可惜了"的心理在作祟。"绝不糟蹋食物"固然没错，但是把食物扔进冰箱置之不理，难道就是在珍惜食物吗？这一点也是我们需要反省的。

另外，食材的质量和我们的身体直接相关，因此冰箱相当于"打造身体的'原材料'容器"。

在对冰箱进行断舍离时，如果看食物的视角从"反正可以放冰箱，饭做多了也没关系"转化成"只做好够现在吃的量就OK"，那么饮食习惯就会出现很多转变，不知不觉身体就会变得结实紧致起来，成功去掉多余的脂肪。我的很多熟人都做到了这一点。

【断舍离的步骤】

● Step1　完全打开冰箱，拿出所有东西，摆在面前。

● Step2　从过期的食物开始处理，包括那些看起来一点胃口也没有的食材，从"必要·合适·愉快"三个维度压缩物量。

● Step3　冰箱是"看不见的收纳空间"，物量应该大约占空间的7成。从"易取·好收·美观"三个维度收纳整理，做到使用方便。

还有，冰箱门上如果有便利贴或冰箱贴，把这一块儿作为"看得见的收纳空间"，占整体面积的1成空间。将这些东西压缩后，厨房和厨房周边的空间会焕然一新。

书架的断舍离

我们从小就被教导"读书要读到最后"，在这个观念的影响下，"不怎么有趣的书，终于努力看完了"的人不在少数吧？这其实是浪费时间和精力。其实只要我们坦然面对自己，很多书是可以放下的。

在最后一节如何压缩书籍量上，诀窍就是判断这本书对自己来说是否"好吃"。书籍也有保质期，尤其是情报通信类的商务书籍。

即使书架上摆着很多没有读过的书，但其中一定有那些对自己来说是"好吃"类的书。因为，纸质书与电子书不同，它是包括纸质、重量、设计等各种元素的综合艺术，并且书籍本身也有类似"气质"的能量。那些"不知为何拿在手里，心里就一阵欢呼雀跃"的书籍也不在少数。从这个意义上来说，书籍不同于其他杂物，是一种特别的元素。

另外，书籍的数量也是求知欲的一种表现，同时也带有一种"看，我多厉害"的感觉。即使那些未被翻阅过的书，摆在书架上也会产生某种错觉——"希望被认可"的欲求得到了满足。最后，这些书就成了"囤本"被晾在书架或者书桌上。如果书架上有这种作为"装饰"用的书籍的话，只有痛快地清理掉，才会意识到自己并不需要这些东西来装饰生活。

最近几年，因为网络书店和二手书店的兴起，那些以前被处理掉的书也可以在需要的时候很快买到手。

如果是为了获得信息情报，很多时候可以利用电子书或是互联网，而不必购买纸质书籍。

以前一个人的信息量和知识储备基本上等同于他的藏书量。今非昔比，"书籍"的概念发生了很大变化。因此，带着"（网络）书店也是我家的书架"的感觉，根据自己的需要清理或购入书籍，轻轻松松地压缩书籍量。

不过，话说回来，书籍作为一种特殊元素，很多人对其有着深刻的执念。按照断舍离的铁则——勿从执念强烈的杂物开始实践断舍离，新手应该先从其他地方开始锻炼选择取舍的能力，之后再挑战书籍的断舍离。

【断舍离的步骤】

● Step1 书架是全部书籍都以看得见的状态陈列的，所以，首先是多次估计藏书量。

● Step2 压缩书籍量的唯一关键点就是看这本书对自己来说"好不好吃"。从这一点就能认清自己和书籍之间有没有互动性。

● Step3 在"看得见的收纳空间"中物量应该大约占5成，不过书籍是个例外。只需认识到"总量限制"——书籍能全部收纳到书架上就可以。从"易取·好收·美观"三个维度收纳整理，做到使用方便。

厕所的断舍离

家里最具代表性的"出口"场就是厕所。最容易脏的地方，应该抱着力求最干净的心态去收拾。

风水学上有"扫厕所，开财运"的说法。这一说法到底是不是真的还不知道，但是在提升"排泄"的质量上，把厕所打造得干净漂亮其实和断舍离的"出"的意义是相通的。

不管厕所有多小，里面总有洗涤剂、马桶刷、清新剂、手纸等很多杂物。我不会放马桶刷、芳香剂等，只放手纸一卷。用薄荷油代替芳香剂，涂抹在纸上，这样可以飘出若有若无的清凉香气。厕所最重要的是"清洁感"，尽量不要放杂物。

【断舍离的步骤】

● Step1　全部打开厕所里的收纳箱，确认下东西的状况。

● Step2　扔掉一些会给人造成不洁净印象的杂物，比如说那些满是灰尘的芳香剂或小装饰物、洁厕灵等，要不扔掉，要不擦干净再放回去。

● Step3　厕所里面是"看不见的收纳空间"，物量应该压缩到大约占空间的7成。从"易取·好收·美观"三个维度收纳整理，做到使用方便。

玄关的断舍离

玄关是家的颜面、入口。一进门是让人舒一口气还是让人觉得好累，全部取决于开门的那一瞬间。如果玄关放满了杂物，就会影响对家的整个第一印象，所以要重点收拾玄关。

尤其是要注意，家里的玄关处有没有什么高尔夫球包、煤油灯等偶尔使用或季节性用品被扔在那里。否则这些杂物可能会变成玄关的一部分，根本没有人注意到是什么影响美观的杂物。

在玄关处经常还会看见几十柄雨伞被杂乱地插进立伞架上。家里只有四口人，却摆了这么多伞——"难道这里也住着千手观音？从快递用的印章、家门钥匙等必备品到花瓶、供品等佛前用品等各种东西被挨挨挤挤地扔在狭小的玄关处。

那么，自己家的玄关处是不是也是这番景象？是不是象征着自己家的颜面？我们可以重新问问自己。假如发现自家里的玄关处也被摆得乱七八糟，那么现在正是果断进行断舍离的好时机。

鞋柜里专门放皮鞋、拖鞋等鞋类，在杂物挑选和清理时不会太过犹豫不决。从这一点来看，鞋柜是断舍离初学者首选的断舍离实践点。

【断舍离的步骤】

● Step1　把鞋柜全打开，拿出包括报纸之类的所有东西。

● Step2　从旧皮鞋、脏跑鞋、撑不开的坏伞等不能用的东西开始清理，从"必要·合适·愉快"三个维度压缩物量。

● Step3　鞋柜是"看不见的收纳空间"，物量应该大约占空间的 7 成。从"易取・好收・美观"三个维度收纳整理，做到使用方便。把鞋柜上面的空间当作"看得见的收纳空间"，物量不超过这片空间的 1 成，把家的"脸"当作艺术画廊，装点成美观的物品展示点。

客厅・餐厅的断舍离

全家人的聚集地，也是全家人所使用的东西的聚集地。清理客厅餐厅时，不要过多在意别人的东西，重要的是彻底整理自己的东西。这两个地方的断舍离，最重要的是做到"不要把东西放在看得见的地方"，这样才能让空间显得干净清爽。

客厅里很常见的是占大空间的沙发。对于一般家庭来说，大沙发体积过大，使得整体空间显得过于狭小，而且扔在客厅的换洗衣物、儿童玩具等更是让人觉得有杂物堆积感。很多时候，只要我们仔细考虑一下，就会发现那些看起来"必须要有"的东西，其实真的"没必要"，有时候不光是"没必要"，甚至"最好是没有"。

【断舍离的步骤】

● Step1　虽然想"完全打开门，拿出所有东西"，不过客厅、餐厅是每天全家人的聚集地。没有相当的条件，把东西全部摆出来很不现实。因此，首先从桌子、架子等看得见的地方开始收拾。确认一下东西是怎么摆放的，甚至可以拍个照片，对照片进行仔细观察。

● Step2　先从自己的东西或者其他人不需要的东西开始清理，那些 DM（直邮广告）、邮件、报纸、传单等纸质类的东西几乎每天都会成群结队来客厅做客。我们可以注意一下"保质期"或是"消费期限"，多次多量地清除。如果不能立刻全部清理，那就进行局部的小清理，比如说"今天可以做 15 分钟的断舍离，那就只清理这个抽屉吧"，规定好清理的时间和地方，逐渐完成客厅·餐厅的整体清理。

● Step3　桌子和边柜上是"看得见的收纳空间"，物量应该大约占空间的 1 成。比如桌子就放一束花，别的什么也不放。其他的杂物从"易取·好收·美观"三个维度收纳整理，做到使用方便。

再利用的断舍离

"嘿！这东西能换钱，打住！"

想必有很多人还记得，这是 2017 年征集到的"断舍离川柳"[川柳是日本传统的诙谐讽刺短诗，和俳句不同，川柳没有季语（表示季节的固定单词），可以将日常生活中的所思所想用 5·7·5（5 个假名、7 个假名、5 个假名）的 17 音自由表达。] 的入选作品。

对于旧物废品，人们有很多再利用的方法，比如说二次使用、重新包装、拍卖、跳蚤市场或者是转手给专业人员等等。东西的再利用确实很重要，而且本身没坏的东西也可以送给需要的人。这对初学者来说难度很高。

比如说拍卖吧。假如身边有很多想马上出手的衣物或书籍，我们需要先把它们整理好找个地方保管，再等着别人招标，安排发货，确认账户到款等，这一连串的事情你真的会花精力去做吗？你很有可能会因为这些麻烦事而身心压力剧增。

话又说回来，难道不正是因为没有时间没有精力去处理这些麻烦，才使得不需要的衣物和书籍堆积成小山的吗？因此，除非有非常大的决心，否则很难在拍卖或跳蚤市场出手。

其实，大多数时候，与其说是想循环利用，倒不如说想从那些"花大价钱买的东西"的金钱执念或是"扔了太可惜！"之类的罪恶感中逃避出来。因此，为了真真正正地下定决心"不再买东西"，我们要下狠心，让自己真真切切地记住这种"痛苦"，不再重蹈覆辙。

最后一个入选的川柳这么写着：

"一放手，减压力，笑容多。"

第 3 章

断舍离改变人生

舍得便是获得。

复位人生。

做出最适合当下的选择和决断。

重拾自信心。

成就自在·从容的人生。

一阵莫名的清爽感
抚过心头

━━━━━━

这是 40 年前的事情。

当时还是大学生的我并没有像其他同学那样，或拼命地钻研学业，或沉浸在自己的爱好中，或谈一段恋爱，等等充分地享受大学生活。没什么进取心的我总是一副懵懂的稀里糊涂的状态。

姐姐实在是看不下去了，便给我介绍了当时在 New Age[①] 和精神学风潮流行下开始被人关注的瑜伽术。

这种瑜伽和现在流行的以美容、健康为目的的健身瑜伽完全不同。它是从呼吸、食物、姿态、动作、思想、环境这些自身内外部因素来实践瑜伽哲学的"修身养性"瑜伽。

----

① New Age：新时代，指 20 世纪后半期出现的自我意识运动，是带有宗教性质的潮流性活动。

很快我就沉浸在巨大的瑜伽兴趣中。从在文化中心上课开始，到参加"指导员养成讲座"，在学习过程中，我接触到了被称为"断行""舍行""离行"的瑜伽修行哲学——并非是书本知识，而是从实践中体验到的哲学。这门哲学可以让人学会摆脱执念、执着。

最有名的"断行"就是"断食"。连续几天除了喝水，不吃任何东西，是考验克制和忍耐力的禁欲式修行。

老实说，当时的我也犹豫困惑，虽说要求"摆脱执念"，但心里还是"这个也想要，那个也想要"，欲求满满，丝毫没有甩掉物欲、贪食的想法，"断行"对我来说简直是不可能的，没有认真地学习过"断行"，自己很快就投降了。

不过，内心还是隐隐约约地感到自己过于"执念"并不是什么好事。"断行""舍行""离行"三个词默默地藏在"心柜"深处，沉睡了很久。

直到机缘巧合的一天，这三个词猛然浮现在了脑海里。那天可以说是我的命运之日。

学习"断行""舍行""离行"10年后，那位魅力非凡的瑜伽指导老师突然辞世，我去参加她的葬礼。

在和一起参加葬礼的前辈聊天时，不知是聊到什么地方，我感叹地对前辈说：

"'断行·舍行·离行'，还有'摆脱执念'之类的，真是做不到啊。"

我的潜台词是：又不是出家修行的僧人，自己做不到也是无可厚非的。我只是想得到前辈的认可。

听见我的话，前辈竟略带惋惜地说：

"是啊。连我们家的大衣柜里也堆着满满的不穿的旧衣服，因为完全收拾不下去。"

一句话，点醒了我。

大言不惭地说，当时我勉勉强强算是一个精力充沛、麻利能干的家庭主妇，却从来没想过要动手收拾衣物之类的。

衣柜里一摞一摞的衣服堆得满满当当，甚至可以说多得门都关不上，自己却依然埋怨"没有衣服穿"，自己到底是怎么了？！

莫非那一摞一摞满满当当的衣物并不是衣物，而是我背负的"执念"，只不过这种"执念"具象化成可见的衣物而已。

想到这一点，我就立刻开始行动起来收拾衣柜了。但是，想要处理掉不要的衣服真不是一件容易的事。

"我还是蛮贵的！"

"我还没过时呢！"

"没破的地方干吗要扔！"

"不扔也没做错事吧！"

…………

衣服在异口同声地向我低语。

而同时也有另一个声音在愤怒地说：

"这种乱七八糟的，居然能有这么多？！"

对当时的我来说，一件一件扔掉不要的衣服，简直是举步维艰。

然而，我依然忍着扔东西的后悔和心疼，一点点地处理起不穿的衣服。逐渐地，沉重的心情轻松起来，甚至有一种莫名的清爽感抚过心头。

扔掉一件无用物，就多一点空间。

扔掉一件多余物，就少一份负担。

扔掉一件废物，就恢复一丝清爽。

这就是断舍离——减法解决方案给人带来的实际感受。

"通过处理多余的杂物，来摆脱执念，恢复自我，发展自我"，这种自我探查法被叫作"断舍离"。

不过，当时使用这个称呼的只有我自己一人，而且是在心中默默地使用着。

摆脱过剩执念，
减轻心灵负重

就这样，在"看得见的东西"上做减法运算的过程中，我在心理上也逐渐摆脱掉一些"看不见的东西"。

那什么是"看不见的东西"呢？

最初，我只是觉得："清理掉杂物后，心里痛快极了！"其实，在这个反反复复的过程中，我逐渐注意到某些"看不见的东西"，并开始加强对这些东西的观察。

如第1章所讲，大多数东西都带有一种叫"执念"的黏着剂，当我们看见它们时，这种黏着剂就反射性地在我们心里生根发芽。这就形成了"执念心"。

当然，还有另一种不同性质的"执念心"。

这种"执念心"深深扎根于自我体验和思维观念中。比如，衣柜里多余的一件衣服是我们要处理的一件杂物，但是这件物品也许是重要的人送给自己的，也许是自己用仅有的钱买回来的，它的身上多多少少都会附带着主人的小故事。

家里的一切东西都带有某种故事色彩。不同的东西带着不同的"故事色彩"，不同的"故事色彩"也代表着与主人的不同关联度。可以说，东西是物质和精神的集合体，是"具象化的形态"和"抽象化的情感"的结合体。

但是，这种"抽象化的情感"如果不是"喜爱之情"，只不过是一些"花了大价钱买的""以前穿的时候感觉不错""扔了会有报应""现在虽然不穿，但处理起来很麻烦""以后可能买不到了"……之类的负面情感，那么说明这件衣服给自己带来的不是什么积极影响。

也就是说，它和我们的关系并非良性。

因此，在处理物品和个体之间的关系时，要问问自己：

"现在的我，对这个东西有着怎样的感情？"

"现在，我是否和这个东西处于良好关系中？"

断舍离非常注重在日常生活中有意识地审视个体和物品之间的关系。

实际上我们真的开始处理杂物后，会出现怎样的情况呢？

"对现在的自己来说，附着在物品上的沉重的'执念'是不需要的。"——怀着这种态度处理杂物，会让物品和内心产生更剧烈的联动性。当处理掉作为情感依附的物品后，上面附着的情感越是沉重，内心就越能感受到什么叫轻盈。

从表面看来，我们丢掉的是杂物，但是同时我们丢掉的还有看不见的世界里——内心的"多余的执念"。

这里介绍一个案例。

体验谈 7 扔掉前夫的家具后，重获 7 年不见的痛快感

枫女士（匿名）遇见断舍离是在离婚的 7 年后。她一人独居，家里的杂物却摆得放不下了。另外，枫女士有一个秘密——她没有告诉家人朋友她离婚了。

对她出身的传统保守家庭来说，离婚无疑是个大忌。娘家人甚至认为"嫁出去的女儿就是泼出去的水"，结了婚，就不能再跨入娘家的门槛。

这种价值观的家庭里培养出来的枫女士一心认为"所有人都不会同意她离婚"。所以，她也没有主动开口。这个秘密堵在心口 7 年，这 7 年间她从未有过什么痛快和释然。

但是，当她遇见断舍离后，才突然意识到自己家里的杂物真是惊人地多，其中占大头的要数前夫的家具。这些家具里面塞满了自己不需要的杂物，像一个大仓库一样晾在那里。

枫女士为什么没有处理掉前夫的家具呢？那是因为枫女士觉得离婚是件丢人的事情，心里的某个地方不愿意承认自己已经离婚的事实，所以就把这些家具当作不存在似的，随意扔在了一处。

注意到这一点后，枫女士行动起来了。把前夫所有的家具都"断舍离"，扔得干干净净，终于她迎来了7年不见的痛快心情，甚至鼓起勇气把离婚的事情告诉了家人和朋友。

终于，7年之后，枫女士开始真正享受单身生活了。

获得深刻的智慧

————

　　自从我把衣柜里不穿的衣服统统扔掉后，那种清爽感就一直忘不了。于是"为什么扔掉多余的杂物，能让我们重新梳理看不见的世界、心灵、思绪呢"——这一课题就一直萦绕在我脑中。然而，当我遇到另一句箴言后，才深刻体味到"放手"本身莫大的能量。

　　为学日益，为道日损。损之又损，以至于无为，无为而无不为。

《老子》第四十八章

翻译过来就是：

求学则日增，求道则日减。减之又减，终空无所有，无所有则无不所有。

想获得知识，请每天增加。

想获得智慧，请每天减少。

别忘了，知识通过行动转化成智慧。

这段话与瑜伽中的"知行合一（认知和行为相统一）"，以及断舍离的思想是一致的。知识与智慧相似，却又不同。

- 知识——在求知欲基础上集合的显性意识信息。
- 智慧——体验性理解形成的直达潜意识的深刻智能。

换句话说，必要的时刻，随时都能提取出帮我们渡过难关的就是"智慧"，而要达到游刃有余利用"智慧"，就需要我们"行动"。

那么，"想获得智慧，请每天减少"到底是什么意思呢？答案就藏在《老子》第四十八章浓缩之后的这句名言上。

舍得难舍的，获得应得的。（千贺一生）

置换在断舍离上，这句话的意思就是指"减法运算"可以得到应得的。

囤积在空间中的庞大杂物。

堆积在时间中的冗杂的不得不做的事情。

成为心灵超重负载的人情世故和交际应酬。

所有的这一切，达到临界点时，空间、时间、心灵都无法正常工作，因此要尝试做"减法运算"，排除阻塞物，恢复流动性。这种流动的感觉正是我所体验的清爽感的本源。

那些囤积的、未利用的人·事·物就等同于没有被实践的知识。只有"放手"，才能真正地走近"知识"。

我将老子的思想重新翻译之后，就是：

"有舍，便有得。"

提高选择·决断的
精度和行动速度

———

　　在观察和实践"扔东西"的过程中，我逐渐地明白了为什么清理东西甚至会给看不见的世界和人生带来不一样的体验。

　　之前说过物品是"看得见的形态"与"看不见的情感"的集合体，除此之外，物品也是我们"思维结果的证据"。自己手中的东西是基于你的某种价值观，基于你的思考、选择和决断之后出现的。即便是想也没想就入手的东西，它本身也带有自己潜意识的投影。

　　正因为如此，才说"物即物，又非物"。我们在获得和抛弃这个"思维的证据"，也在更换自己的思维。

　　假如认为手边的衣服"虽然已经不穿了，不过扔了怪麻烦的"，那么"怪麻烦"就是逃避现实的思维证据。也就是自己和衣服的关系并非良好。在这种情况下，我们就要客观审视这个"感觉到麻烦"的自己，甩掉这种思维。

只有不断地处理掉那些不需要的东西，才能在这个过程中专注于那些"生活关系度高＝喜爱"的物品，从而逐步形成螺旋上升式的人生路线。

● Step1 "关联度的质量"上升，带动"思维的质量"上升。

处理掉不需要的物品，专注于那些与自己生活关联度高的物品上，思维和观念就会越发清晰明确。

● Step2 "思维的质量"上升，带动"行动的质量"上升。

思维流畅无阻，会让我们针对"现在·这里·自我"迅速地做出正确的行动。

● Step3 "行动的质量"上升，带动"结果的质量"上升。

迅速地做出正确的行动后，也能快速地获得成果，提高决断的精度。

如果把这种变化放在人际关系上会更好理解。

比起不熟悉的陌生人，和坦诚相见的朋友一起工作，"思维的质量"和"行动的质量"更容易提升，也会带来好的结果。

假设你要当面感谢别人，"行动的质量"提升前，总想"找时间得去谢谢别人"却找不到时间，向后拖延而错过了机会，但是"行动的质量"提升之后，就能立刻出发去当面感谢别人。这对自己对别人都是件开心的事。在深入断舍离的过程中，我们选择和决断的精度会提升，行动的速度也会得到提升。

精度的提升，速度的加强，会更快地带来结果，当"结果的质量"提升后，"关联度的质量"也会同步上升。逐渐注意到很多以前没有发现的无用之物，并且在处理这些无用之物时，并没有像以前那样困难。就相当于"断舍离EQ"高了，进而"人生的质量"提升了。

另外，以前没有成功的事情，如今取得了成功，增强了自我肯定感，与内心的"自我"建立了良好关系。

断舍离——螺旋上升式的人生路线

"结果"的质量提升

"行动"的质量提升

"思维"的质量提升

"关联度"的质量提升

"断"与"舍"。在反反复复的实践中，不知不觉"人生"的质量提升了很多。

真麻烦

囤积的不需要·不合适·不愉快的杂物·废物

清除闭塞感，
疏通人生路

当我们的"人生质量"提升后，日常生活中的小变化真是不胜枚举。下面是参加断舍离大会的一些学员的例子。

● 清理掉桌子上不需要·不合适·不愉快的杂物后，找东西也不用花太多时间和精力，工作也能顺利开展。

● 清理了电脑桌面的图标，工作起来更方便了。后来养成了整理桌面的小习惯。

● 利用"7·5·1法"，缩减杂物量，自觉地早早起床，工作效率也提升了，可以早早回家享受自己的小世界。

● 减少厨房一次性用品数量，逐步学会收拾厨房，享受做饭的过程。

● 利用"one touch 法"，取东西的动作只分为两步，而且做饭时会尝试一两道新料理。

● 只入手特别上心的衣服，不用辛苦地多次熨烫。

●团好底裤或袜子放进宽松的收纳箱里，叠放衣物时很享受。

随着生活上这些令人开心的小变化不断累积，闭塞的人生逐渐疏通，恢复流动，也会逐步带来其他的变化。

举个例子：

● 和之前的恋人感情暧昧，纠缠了多年。学习了"1 out 1 in 法"，痛快地分手，遇见了新的恋情。

● 总是发愁孩子宅在家不出门，后来扔掉了象征着"对过去的执念"的大量童书，改善了和孩子的关系，孩子也不再宅在家里不出门了。

● 在重新正视"必要·合适·愉快"的杂物取舍法则的过程中，开始怀疑自己的婚姻只不过是虚有其表，摆脱常年的"婚内分居"迅速离婚了。

● 烘焙制作、练习瑜伽、学习芳香疗法、跑马拉松等，很多都是心血来潮又半途而废。当把这些所谓的兴趣当成"忘却物"扔到脑后时，发现了自己内心真正想做的事情。现在一边工作一边拼命学习，准备创业。

这种案例不胜枚举。很多人因为断舍离，正视现实，改变了犹犹豫豫、不敢直面问题、总是想逃避的毛病，开启了新的人生。

对一个人来说，工作、合作伙伴、家庭关系具有重大的人生意义，因此，"离婚""辞职"这些词汇总是带有消极色彩。然而，不管是离婚还是辞职，都是认真整理自己的情感、坦然面对自己的真心后做出的决定。这样才能开启真正的人生。

就这样，并不知道触动了什么样的人生机关，"断舍离后，结婚了""生了孩子"等，人生在各种机缘巧合下出现了各种意想不到的事情。这些人生事件已经超越了断舍离本身，是唯有那些实践过断舍离的人才能体味到的不可思议的经历。

"有舍，便有得"，是千真万确的。

断舍离，人生新陈代谢的催化剂。

体验谈 8 放手风水开运的摆件后，人际关系得以改善

顺子小姐（匿名）正在逐步实践断舍离。

但不知为何，房间里面摆放的各种风水开运摆件却没有登上她的断舍离清单。当她开始强烈意识到"必须直面多余的物

品"后，才注意到自己家里"招财的贝壳和黄水晶""改善人际关系的松鼠造型""开运的龙形摆件"等各种各样的小物件叮叮当当地听起来毫不和谐。

"这些东西摆在一起，打扫起来又不方便，走路也碍事，真不知道为什么还留这些东西"，想来想去，顺子小姐突然意识到："难道是自己固执地认为不依靠别人，自己无法抓住机遇、抓住运气吗？"为什么她会这么想当然呢？答案就藏在顺子小姐的童年时代。小时候的顺子小姐渴望爱，渴望关心，渴望无忧无虑的生活。可是，把家抛在脑后的父亲、对她严厉苛责的继母，种种因素让她和朋友的家庭形成强烈反差，生活并不如意。这样的童年时代让顺子小姐极为困扰，她总是处于"被动"和"放弃"的人际圈。

她现在已经结婚，表面上开始了幸福的家庭生活，但是从家里面各种各样数量惊人的风水开运的摆件可以看出，她的内心深处依然恐惧着财务不自由，依然苦恼着人际关系不和谐，依然缺少对自我的肯定。

当顺子小姐意识到这一点后，果断地开始对这些摆件进行断舍离。清理完这些东西后，她忘不了那种难以言表的清爽感和对自己果断行动的自豪感。

不久之后，发生了一连串不可思议的事。她去见了15年未曾谋面的住在养老院的继母，那位自己以前刻意疏远、"绝不会原谅"的继母。当她紧紧地拥抱着对自己严苛的继母时，心里某些僵硬的冰块融化成泪水流下来了——"她并不是不爱我，而是作为一个继母用尽全身力气地养育我教导我"。之后她又去墓地看望了父亲。以前的自己从未想过能有如今这般安稳平静的心境。

同时，她也逐渐地能够放松心态和同事打交道，职场的人际关系也得以改善。

顺子小姐通过对风水摆件的断舍离，意识到自己的苦恼和焦躁都源于缺少对自我的肯定，断然放手曾经折磨自己的执念，迎来了新的心境和人生。

引导现在的自己做出最恰当的
选择与决断

━━━━━

距离促使我对壁橱彻底断舍离的契机出现的那一天已经过去 10 年了，那一天我加深了对断舍离的理解。那天，我平生第一次踏入真言密教的圣地——高野山。

从石川县的家里，换乘了电车和缆车终于到达了山顶，夜宿的寺院寝房没有任何多余的杂物，只有草席和被褥，而寺庙斋饭的清香带着深意已经沁入五脏六腑。

当我一个人坐在走廊时，看见年轻的修行僧人正在清扫寺院，心中莫名地涌出一种感觉：如果用"场""空间""生活"来表现断舍离的话，那么大概是这样的：

高野山为"场"

寺庙寝房为"空间"

修行僧人为"生活"

当我想到这一点时，就想立刻飞奔回家，想在自己家里重现这种感觉。

其实，重现类似高野山上感受到的令人神清气爽的"场"和"空间"，并不需要过多的设备和昂贵的家装，只需要有"空间"的"留白"以及不由自主想深呼吸的"空气感"就足够了。

千真万确。

在高野山上的那段体验，让我深刻感受到"空间"原本的力量。断舍离的结构也逐渐清晰，这是一段无比宝贵的经历。

至于从高野山回来之后，断舍离的速度急剧提高更不用说了。

当时，我自认为已经透彻理解减少物量的重要性了，现在想来自己不过仅仅从"舍弃或不舍弃"的物量角度看事物。从这个角度看问题并非不重要，但也只是停留在表面的理解上。

因为之前从未遇见过像高野山这样的"断舍离表现场"。再加上，高野山是信仰之山，有 1200 多年神圣历史时光的沉淀，是绝好的"断舍离的终极范本"。在这种神圣的山上，能感受到自己的身体、心灵逐渐在巨大的空间磁场中被荡涤、被冲刷。

"明白了，这就是我想要的空间！"

高野山的一段体验让我刷新了对断舍离的理解。

断舍离，是清爽流畅感的"场""空间""时间"的创造方法。

它不是"要·不要"的短视视点，而是：

- 我想要什么样的状态?
- 空间想要什么样的状态?

从俯瞰全局·整体的角度来理解断舍离。

它不仅仅只是"收拾东西"。

当然，即便不去高野山，也能运用自己的思维·感觉·感受，在坚持断舍离的过程中，逐渐适应并掌握这种观点。

比如说，在做书架的收纳时，当摆放得散漫杂乱的书籍逐渐减少，书架就转变成整齐洁净的空间。抱着减少书籍量的初衷整理书架，逐渐地变成了"书籍量减少到一定程度能够使书架恢复原本的功能，并且看起来整齐干净"这种感觉。这是被杂物掠夺的空间重新回到自己身边的感觉，也是一种非知识量或偏差值（日本对于学生智能、学力的一项计算公式值）或 IQ 能够测试的人的智慧。

我把这种感觉称为"俯瞰力"，掌握这种俯瞰力后，我们的思维精度会提高，我们会做出对现在的自己最恰当合适的选择和决断。

"俯瞰力"到底是怎样的力量呢？

那位备受瞩目的日本史上最年少职业将棋（日本象棋）棋手藤井聪太幼年时期常常喜爱玩瑞士弹珠积木——组合积木，搭建通道，让弹珠能从上到下顺利滑动到目标地的益智玩具——一时间成为人们热议的话题。

他常常仅用几分钟就能完成连大人都难解的积木组合，这让他的妈妈非常吃惊。

这个玩具中，积木内侧设有隐藏的通路，需要不断地尝试如何组合才能让弹珠顺利通过。在玩积木的过程中逐步培养出的"空间认识能力"，对提升将棋能力，乃至战略性思维都有很大影响。

空间认识能力这一概念，比较容易理解的就是足球 MF（中场队员）所扮演的角色。MF 需要在足球场上，有从上空俯瞰整个球场的能力，迅速判断该把球传给哪个队员。

了解了球场的整体现状后，运动员需要迅速判断该以多大的力量把球传到哪个方向，瞬间做出有助进球的动作。

虽说职业棋手和职业球员必需的"空间认识能力"并不能和断舍离的"俯瞰力"直接画等号，但是如果能通过对居所整体的断舍离，将思维方式从物品轴转化成空间轴，掌握俯瞰式思维方式，那我们就会成为"人生达人"：

- 与地位、名誉、学历、财力无关的人生达人之路
- 了解自己，喜欢自己
- 思维·感觉·感知变得敏锐、轻盈、具有洞察力，获得"生命的悠然自得"

帮助处理自己与物品的关联度，创造出空间感的就是这种"俯瞰力"。

人世烦事无尽，需要我们面对和解决的问题一个接着一个。断舍离面对问题时，首先从认识现状开始。

通过对杂物的选择取舍，了解自身，获得对自我的肯定，从物品轴思维转化为空间轴思维。在这一过程中，我们就获得了果断勇敢面对问题、处置问题而不是被其捉弄的能力。

不仅如此，遇到任何事情，并不是仅仅归结于"幸运或不幸"，应该将其作为某种体验，能以一种从容豁达的真我视角来看待人生各种各样的不同境遇。

"杂物整理"与"空间创造"的不同

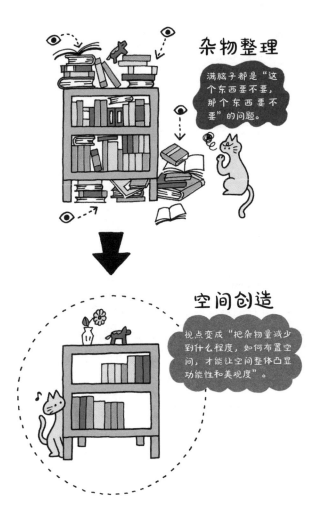

杂物整理

满脑子都是"这个东西要不要，那个东西要不要"的问题。

空间创造

视点变成"把杂物量减少到什么程度，如何布置空间，才能让空间整体凸显功能性和美观度"。

"身体、心灵、生命"
机制的回归

―――――

"局部即整体，整体即局部"是日本的一种身体观。

有一种刺激脚掌、手掌、耳朵等部位的医学疗法被称为反射疗法（reflexology）。比如说刺激脚掌的某个特殊部位，来治疗相对应的身体的其他部位。技法精湛、眼光锐利的医生只需要查看和触摸患者的脚掌部位，就能够明白他的全身状况。

同样，数学中的几何学也有类似的观点。比如说，几何学将自然界中树叶叶脉与整个树木的"形"相似的现象称为"分形（fractal）自相似性"。

断舍离引入"局部即整体，整体即局部""分形"的概念，认为：

"一看居所，就知道住这里的人的内心和人际关系的状况。"

"一看钱包，就知道这个人的居所状况。"

这两句话是在我看过已经数不清的居所状况后得出的小结论，这不是我自己的特异功能。

在日常生活中，我们总是从对方若无其事的表情和说话的语气、语感中揣测这个人的内心活动。也就是说，这些地方有着本人内心的投射。在断舍离中，"局部即整体"这个概念与"空间"是相重叠的。

我曾在某次讨论会上提出一个问题：我们的身体，这个容器里面到底装着什么东西？回答各种各样，比如说，肌肉、肠胃等。确实这些器官是不可或缺的，但是仅仅装在身体里，不工作的话也无济于事。因此，真正重要的"生存机制"装在身体容器里。不，甚至可以说是栖居在这个容器里。简单来说，那就是"生命"。

"体"这个字的词源是"空""壳"，也就是身体原本就是指容器的意思。

那么我们的居所是何种容器呢？

居所就是身体的容器，而身体则是生命的栖居之处，因此，居所里放置的应该是能让生命健康成长的东西。反过来说，必须把不能促进生命健康成长的东西"排"出去。

"身体容器"里装着"心灵",也能称为"情感"。

那么,"心灵"是容器的话,里面装着的是"意识"。意识也分好坏,是让自己兴奋的意识还是让自己沮丧的意识,都对自我的肯定有很大影响。这种影响表现在我们的身体上,也反映在我们的居所里。这种"局部即整体"的机制就犹如俄罗斯套娃一般连环嵌套。

但是,"心灵"是看不见的,很难理解,"身体"虽可见,但是无法见其内容,也无法看到"生命"。

断舍离最核心的思想就是"新陈代谢"。我们的居住空间处于代谢(交换)的状态是最理想的,因此,不断地进行"使用所有物,清除无用之物"的循环,才能让居所充满流动感和活力。

下页这幅图着重在说"身体容器",其实也适用于"心灵容器"。假如形形色色的思绪和复杂多样的情感不断地累积,却毫无发泄的出口,不停地思考却不去表现或者实践的话,无论是感情还是思考都会逐渐懈怠和钝化。

"身体""心灵""居所"都具有入口和出口,进出口以"流动=新陈代谢"相连接。三者中最容易理解的是自己亲手进行新陈代谢的"居所空间"。

"身体""心灵""生命"既然处于居所空间内部,那么"居所空间"和三者都有直接关系。正因为如此,不需要·不

"心灵·身体·居所"的嵌套结构

居所

"心灵容器"不需要的观念和情感

表现

心灵容器

身体容器

身体容器的废旧物

排泄

入口

出口

"居所容器"中不需要·不合适·不愉快的杂物

排出

与身体结构相同，我们的居所也有入口和出口，"流动"的空间里面栖居着"生命"。当"居所容器"这个巨大空间获得整理清洁后，"身体容器""心灵容器"也会相应地得到清洁，"生命"也得到了健康成长。

合适·不愉快的杂物的清理有助于促进三者"空间"恢复原有机能。

　　其实，构成这种结构的东西，就是我们身处的这个世界里所有的一切所见之物。在某种意义上，我们自己的人生也可以当作一种"空间"。

　　人生的入口即呱呱坠地，出口即寿终正寝。而人生中的各种事情、各种邂逅、各种离别，又或者是学校、公司、自治体等都属于出入口之间的流动的空间。假如把这些都理解成有机生命的日常代谢通道，那么这些人·事·物所应有的理想状态，我想也是不言自明的。

沟通力显著提升

时间、空间、手间①……越了解断舍离，就越会碰到这个"间"字。那么这个"间"字里到底含有什么讯息呢？

要理解这个字，从人际关系方面解释会更容易。

如果想保持良好的人际关系，就需要有"间"意识。

人际关系中的"间"可以从"空间的间 = 距离""时间的间 = 频率"角度理解，也可以理解为空间和时间的"密度"。

人际关系无论是双方距离走得太近还是太远，接触频率太高或是太低，都会出现问题。

距离太近，会觉得烦躁；太远，会感到孤单；接触频率太高，会给别人带来麻烦；太低则会产生被抛弃感。

---

① 手间：日文汉字，意思为精力等。

曾经听过这样一个故事。

有一个从幼年期到 18 岁左右总为特应性皮炎而烦恼的女士，她尝试过很多方法，除了吃西药，还有试过中药、针灸、整体术等各种替代疗法，但是病症并没有什么改观。她就这样从小学、初中、高中毕业，离开了父母进入了大学。她的父母在她的皮肤炎上花了相当多的时间、精力和财力。

但是让人意想不到的是，她离开父母之后，皮肤炎症竟然很快不治而愈了。

特应性皮炎是一种原因尚不确定的皮肤病，并没有什么明确的治疗方法。特应性的词源本身来自表示"奇妙的、不可思议的"希腊词。

并非所有的特应性皮炎病人都能像她这样自愈，但是尝试过各种疗法的她，在离开父母之后确实痊愈了。

另外，她和父母的关系绝不是糟糕，她也非常尊重认真、严厉而慈爱的父母。

她极为感激父母为她的病东奔西走，但潜意识隐隐约约地有一种沉重感。不过这种反映父母和她之间关系"机能不全"的沉重感并没有上升到表层意识，而是诉诸到皮肤上来了。

换句话说，越是亲密的关系，双方越要有意识地保持恰当的时间和空间的密度。是走近一点好，还是离远一点好，每个人都有各自要把握的"密度"，而且这种"度"也是会发生变化的。现在的她依然和父母保持着适当的距离和见面频率。

像上面这个案例一样，空间和时间的密度对人际关系有着很大的影响。父母子女、丈夫妻子、兄弟姐妹、上司下属……各种关系也适用同样的道理，不过，保持恰当的"密度"并非口头说的这么简单。在具体的场合、具体的时间，理解恰当的"间"，保持恰当的密度，这种能力是极难达到的。很多人像从前的她一样，一直处在不良的"间"的人际关系中，没有究明其原因，稀里糊涂地走过来了。

正因为如此，利用"间"意识，才能真正感受到自己沟通能力的明显提升。

"人"在日语中被译为"人间"，其中的"间"即为简体字的"间"，换句话说，单单一个"人"字，并不完整，有了"间"之后，才真正成为"人"。因此，就需要我们注意"间"有没有正常工作。如果这种"间"意识在日常生活中成为自然而然的下意识，那么我们就能与所有的人·事·物等对象建立机能性的关系。

要理解"间"意识，我们可以学习那些会说话的人。会说话会沟通的人无一例外都是善于利用"间"技法。这种被称为

"话艺"的技能，被活跃在文艺界的艺人提高到了艺术层面。

曾经听过一位在当代实力、人气首屈一指的落语（日本传统曲艺形式之一）大家的某则逸事。

在某次落语演出上半场结束后，观众们被预告"休息之后，马上开始下半场"。当下半场开始后，会场上鸦雀无声，台下的观众等待着落语师开口，他们屏气凝神，一副不要错过一丁点表演的架势。

察觉到会场异样的紧张气氛后，这位落语大师轻轻抛出一句：

"大伙儿吹口气也没事。"

"砰！"一句话戳破了紧张的空气，会场"哗啦哗啦"笑声鼎沸。趁着观众松了一口气，大师迅速进入下半场正题了。

这种一张一弛、一松一紧，就是艺术的间隔、时机。从这则逸事中，我们可以感受到台下观众非常欢迎和欣赏这位落语大师即席制造的会场氛围。

落语除了妙趣横生的语言之外，还能享受落语家利用"间"所创造的现场氛围。其实在所有的艺能、艺术上，"间"都扮演着极为重要的角色。

这是艺术世界的小故事。对于普通人来说，想要获得悠然自得的生活，就要让生活与"间隔""时机"实现无缝连接。

有意识地利用时间·空间·手间（精力）的"间"意识，随机应变，因地制宜，人际关系机能才能更顺畅地发挥作用，与他人的沟通才能更有效率，人生才能更上一层楼。

想必您已经明白了"间"意识。

在日常生活中掌握"间"意识的方法就是"断舍离"中宽松有度的空间制造。也就是说，利用看得见的物品，俯瞰空间整体，重新恢复居所的"间"功能。

具体的操作，可以参考"7·5·1法则"，将物量压缩至适合空间的量，为空间制造恰当的"宽松度"，也就是"间"。

在俯瞰空间时，我们可以自问自答：

● 有没有硬塞太多东西，以至于缺少"间"？
● 尝试减少杂物量，腾出"间"之后效果如何？
● 筛选东西，为其分配"间"之后心情会如何？

尝试过给予居所"间"之后，我们一定会感受到前所未有的清爽、通畅，以及呼吸的自由感。虽然这只是一种推测，但是能够从思维·感觉·感受三方面把握空间的整体意识，之后就能自然而然地思考如何建立适合自己的"间"。

还是和之前落语大师的逸事相似，有一位广播作家曾说过："那些在逗乐艺术上获得大成就的人，家里大多数都整洁干净，并且摆的东西比较少。"

逗乐艺术需要有敏锐的思维和清晰的思路。它之所以特别要求能够对事例信手拈来的构想力和即兴表现能力，原因就在于在梳理记忆的同时，"间"或者"留白"中寄居有"启示"以及"灵感"。

这些解释可能已经超越了理论逻辑，不过，居所的状态确实会间接投射在本人的文艺表现上。

断舍离也是"间"的创造。

在断舍离的不断实践中，创造出时间的"间"、言语的"间"、沟通的"间"，让人们在当时·当地建立起对人际关系恰当的"间"。

前面所说的"人生之路的达人"就是"间"之达人。断舍离，可以让我们在日常生活中边享受边掌握这种"间"之术。

比想象更怡然的
人生就在不远处

物质的最小单位为"基本粒子"。近几年据说逐渐证明存在有空间的最小单位——基本领域。有专家称，基本领域的集合体将产生超越一般物理规律的存在，比如说在基本领域的空间施加"爱""祈愿"等意识，则可以获得巨大的能量。

作为外行，更复杂的解释我无法做出说明，但是从"间"被表现为"空间"（space= 宇宙）并非是偶然或巧合。"空"的地方正隐藏着非常重要的东西。

"空"并不意味着空洞、空无一物。

这些"空"地方隐藏着那些安抚我们的内心、激励我们、给我们带来畅快心情、让我们与世界建立良好关系的事物，正因为这些事物，才让"间"充满了温暖。

虽然我们从"断舍离就是脱离执念"的理解开始的，但到现在，我要把断舍离解释为"锤炼执念心的方法"，因为，"脱离执念"的出发点本身就是顽固的执念。

断舍离保留的、获得的人·事·物，对我们来说都是非常珍贵、非常喜爱的才被筛选出来的。这就是锤炼执念心的结果。

我也是在反反复复的失败和尝试中走上了断舍离的路，这条路也是我自己的人生成功进行巨大变革的路。而我身边也有很多人在坚持着断舍离，完成崭新的转身。为何缩减物量，整备空间会具有如此大的改变人生轨道的力量呢？我想，可以用一句话总结：

断舍离，让人与空间力为伍，
比想象更怡然的人生就在不远处。

请你和我一起用断舍离这件武器，重新夺回自由自在的生命，开启真正属于自己的愉快人生吧。

第 **4** 章

断舍离，怡然生活

"活在当下""结果反馈到自身""给予"镌刻心中，

不断地深入断舍离，

找回自由呼吸的美好空间，

怡然自得地享受人生。

没有"出"，
则难获自在

━━━━━

又是老生常谈，断舍离即"出"。

如果只是垃圾·废品，"扔掉"即可。如果是与自己关联已经终结的杂物或是失去效用的杂物，可以扔掉，或循环利用，以合适的方法"排出去"。

只进不出的空间，会让我们的生活停滞不前。

关于2011年的东日本大地震想必大家记忆犹新，据说当时，很多人从灾区被救援回来后，却在避难所离开人世了。在参加日本内阁府的"'生活品质'提升研讨会"时，听说这种现象与"排泄"有很大关系。

避难所会提供盒饭等食物赈灾，所以即便存在很多不便之处，也算是能保证灾民的营养。但是，据说因为厕所的数量不够，很多中老年人忍着不上厕所，逐渐影响身体，抵抗力变弱。而且厕所也很容易堵塞，很多人想去又去不了，所以上厕所这件事对灾民的身心有很大影响。由此看来，排泄对人是件大事，也是人的一个盲点。

当发生大的自然灾害时，我们马上想到要给灾区"送吃的喝的"，很少人会想到"送厕所"。这也是因为我们常常把注意力集中在"如何获取东西"上。

我们自呱呱落地到长大成人，一直被各种各样"不准排出"的要求所束缚。曾经听过一句话——只有人和宠物会便秘。与野生动物不同，只有人和宠物是不能随心所欲、随时随地排泄的。我们常常忍耐生理需求，逐渐被动地接纳这种习惯，形成一种自觉的潜意识。

同样，我们也不能随时随地、随心所欲地扔垃圾，必须要遵守垃圾回收时间表和垃圾分类的规定，即便是扔无用的东西，也得在限制之内。

因此，夸张点说，现在的情况是"我们总把衣柜、壁橱、天花板顶、地板下等都当作了垃圾放置场"。

也就是说，住所出现"排泄"阻塞后，住在这里的人也变得散漫、没有精神，总是提不起劲儿投入生活。结果，生活变得越发无聊和枯燥。如果到这种地步，已经谈不上"怡然自得的生活"了，并不是"收拾收拾家务"就能解决的了。

除了杂物，"排出"的"出"对感情生活也很重要。

两者看起来不同，其实本质是相通的。下面是一位断舍离实践者的故事。

体验谈9　表达出自己的感情，才不会被他人的观念所左右

断舍离大会上有各种各样烦恼自己"无法放手杂物"的人前来参加，其中有一位叫作早智（匿名）的女士，从她灰暗的表情中可以看出她内心非常苦恼。

"我很痛苦，无法放手已经走了的儿子的遗物，大块头的东西已经处理了，就是无法再继续处理其他的了。我真的不能这么一直难受下去，想尽快地处理掉，往前走。"

但是我听出她话里的不自然，便问道："'不能这么一直难受下去'是你自己的想法吗？"早智女士摇摇头。她说这是周围人劝她的话，而她自己还沉浸在悲伤中。

当我说出"不要压抑自己的感情，你可以痛痛快快地哭出来"后，她甚至有些感激涕零。早智女士之所以为自己无法前进而痛苦的原因不在于她无法处理孩子的遗物，而是没有允许自己释放感情。听到那些充满善意的劝诱，她无意识中全盘接

受，才把自己真正的情绪闷在了心中。

我告诉早智女士，自身要尤为注重自己最真实的感情，而不是受其他人的观点所影响。

首先就是打开盖子，让感情发泄出去。无论花多长时间也没关系，只有把感情全部释放出去，才能迈出真正的第一步。

获得主体性的
生活方式

———

　　"很多罪犯的家或是出现犯罪的家，总是乱七八糟地扔着很多东西，生活很颓废。"

　　曾经听警界人士和媒体记者这么亲口说过。

　　我认为这种现象其实是某种"原因与结果"的具象化，在断舍离上称为"相"。

　　一般说到"相"，人们会立刻想起有代表性的"手相""面相"，"相"也指从"看得见的世界"的相关信息来判断其背后"看不见的世界"的状况。因此，在"犯罪"上，"乌七八糟颓废不堪的居所环境"则是犯罪者的"相"的外在表现。人们不能轻易地改变手相或者面相，但是我们居所的"相"是可以改变的。

我在讨论会上经常引用德国诗人歌德的名言：

"人最大的罪就是不快活。"

犯罪的出现可能是有其直接原因或导火索的，但肯定是不快活达到一定程度的结果。催生犯罪者的不快活的原因很可能有"乌七八糟颓废不堪的居所环境"的因素。

我们需要强烈认识到"居住环境自带的强大能量"，正如我再三强调"改善居住环境，最重要的就是'排出'"。

那么，有意识地"排出"后，到底会给我们的生活带来多大变化呢？

- 生活产生"流动感"
- 人生出现新陈代谢
- 明白了舍弃的辛苦，就更慎重地对待获取
- 有意识地入手对自己发挥更好机能的东西
- 不久，物品量压缩成适度，生活范畴也得到最优化

因此，很多人因断舍离而"成功减肥"，还有的人"开始存下钱"了，这也是"饮食""财务"上意识改革的表现。

相反，有些人"想要提高生活品质，把钱花在了家装上"。

改善与杂物的关系的同时，我们的内心也在发生崭新的变化。

之前总是马马虎虎地过日子，而现在在摄取东西时，也能同时从时间轴（现在）与重要度轴（自己）两方面考虑问题，掌握了如何保持空间的平衡感和关系度的方法，把"此时·此地·自己"的思维方式化为己有。

换句话说，逐渐形成了自己的主体性的生活方式。

抛开家庭关系的烦恼

———

开始实践断舍离后，最初碰到的一个大难题就是与家人、同居人的关系。当一个人看自己的东西的视角改变后，别人的东西在自己眼中也会变得很碍眼。

很多人看到别人的东西觉得碍眼，心头直冒火"我这么辛苦地收拾东西，居然成了这副样子""为什么要把这些破烂货带回家"！

人也是动物，两个以上的人在同一空间内的话，就会相互划定势力范围。这种势力范围就是每个人天生具有的"认可欲求"——要承认我、要明白我——的表现。与撒尿来划定范围的狗不同，人是用物品来圈定的。这种范围欲求越不被满足，达到一定程度就会转化为行动表露出来。

另外，相互体谅的意识越是薄弱，就越觉得对方的东西是破烂、是垃圾，越碍眼。导致不留神就脱口而出："快把你这破烂扔掉！"甚至连生气都懒得生气，直接随手处理掉，惹怒对方，引起争吵。

在和别人同住的居所实践断舍离时，尤其要注意不管自己多介意别人的东西，也不要随意地处置。

即使是家人，被人随意处置东西就意味着"原本属于自己的选择和决断的领域被人侵犯了"。不仅是这些东西，别人人生的所有选择·决断应该属于他自己。

当我们觉得对方的杂物看起来是垃圾或者废品时，就要认真地承认他的"认可欲求"。很多时候展现出自己"想要理解对方"的姿态，反而能让"圈地"行为稳定下来。

但是，现实大部分情况是"越是介意别人东西的人，其实越没有充分收拾自己的东西"。

这些人带着被害者意识总把责任推向他人，长此以往，就会形成根深蒂固的消极情感。

还有"他为什么不给我收拾收拾"——依赖别人的消极态度也只会增加自己和他人的压力，丝毫没有让状况改善。

那么，到底应该怎么做才好呢？这里有个诀窍。

自己心情愉快地对自己的东西进行断舍离。"断舍离，好厉害！""一旦入道，心里神清气爽！"……当实践断舍离时的愉快心情表达出来时，对方也会受到感染，消解不愉快。"眼见为实"，这种享受断舍离的样子才具有说服力。

另外，说话也要讲究方式，比如说，"快扔掉这个垃圾"就没有"你挑挑自己喜欢的东西吧"中听。我们常常因为缺少相互体谅、相互尊重价值观的习惯，而把自己的想法强加在别人头上。因此，当我们想责备别人时，可以试着考虑下别人做出让自己不满行为的原因，同时尽快抛掉"希望对方做出某些行为"的期待。

这并不是简单的事，不过，只需要有意识地反省"糟啦，我是不是对他期待过高了？！"，就会自然地产生体谅他人的想法。

其实，人的烦恼大部分来自人际关系的问题，这些烦恼绝大部分都是源于"单方面的期待过高"——过多地给对方施加自己的价值观。这种过度施压总跟随着关心和爱护一同出现，因此，越是亲密的家人或恋人越容易出现这种问题。

这种情感处于看不见的心灵领域，再怎么提醒，这种情感也并非能容易抛开的。因此，要通过杂物的断舍离，一点点地积累经验，学会抛开期待和执念。

当对别人抱有期待，或是要责备别人时，要立刻意识到"首先自己要做好！"，主动地开始行动。在不断地体验、积累经验的过程中，逐步掌握好如何与人保持恰当的距离，学会抛开人际关系的烦恼。

在这里介绍一个案例。

美香女士（匿名）几年来一直坚持断舍离，体会到精神上的解放感，但是她的烦恼来自有收藏癖好的先生。虽然她多次苦口婆心地告诉先生断舍离是多么有趣又有意义的整理术，但是丈夫总是丝毫不感兴趣。

他爱好收藏，不断地购买、囤积。东西多得书房也盛不下，还租借仓库来放。而他收藏的东西有 17 台电子管收音机、20幅画作、化石块、陨石块、一大衣柜的硬币、100 套古典 CD 和书籍全集套装、300 册藏书。最震惊的是仓库里还有未开封的纸箱子。小心地打开一看，居然是在网店拍回来的绳文陶器的碎片！堆了整整两大箱子。

美香女士觉得再这么下去自己家就变成大魔窟了。与忧心忡忡的她相反，她的先生根本就听不进去劝阻，而且愈加顽固起来了。

有一天，当她目送先生出勤上班时，望着先生逐渐缩小的背影，她突然心头有些难过。与工作上越来越大的责任相反，先生的脸色越来越疲惫。"他到底觉得自己家里住得舒服不舒服啊？"美香女士去看了书房一眼，东西多得都溢出来了，连地板都看不见了。整个房间显得乱七八糟，昏暗不堪。

第二天，她就这么对先生说道："让我收拾一下你的房间吧，我会让书房变成让人舒舒服服的新书房。"

她并没有说"赶快给我扔掉"，而是换成"先把东西放在一个临时保管地吧"。

首先，美香先把东西分类。先生最喜欢的电子管收音机放在墙内收纳柜里，美观漂亮地展示出来。化石和陨石是每个月放在玄关处进行展示。

看到自己的藏品能装饰在玄关，先生心里美滋滋的。以前总是一副"我绝不扔这些宝贝"的顽固态度，却被认真保管那些没展示的东西的妻子的背影所融化，脱口而出"也不需要这么多东西"。最后，先生把贵重的化石和电子管收音机捐给了乡土博物馆，东西的量大幅度减少了。

这就像北风和太阳谁能最快让人脱下衣服的故事一样。美香女士并没有强硬地处理先生的东西，而是让丈夫感受到什么叫舒适的空间，让他主动行动。他们只做了一个约定——一年之后确认保管的收藏品的状况。在这个基础上，两人又一起商量了下那些未开封的东西以后怎么处置。

现在，先生也不像以前那么爱买东西了，而美香女士也摆脱了以前"让别人去收拾"的强硬观念。

遵守三大原则，
收获怡然人生

在翻阅那些讲成功学的商业书籍或励志书籍时，我发现一个特征——每一本书都是长篇大论围绕着下面的三大原则来展开阐述的。

- 活在当下
- 结果反馈到自身
- 给予

这里的"给予"相当于断舍离的"舍"。在前面介绍"舍"与"弃"的异同时，我说过"舍"有"施与"的意思，更抽象一点就是"出"的意思。成功，乍一听像是不由分说地填充自己全部的贪欲，但其实是正相反的，只有不断地放手、舍弃、施与他人，才能形成流动的循环。

"活在当下""结果反馈到自身"的思维和"时间轴为现在""重要度轴为自己"的思维是相通的。对杂物挑选取舍的两个标准与开拓人生的方法两者相通并非偶然。

我们每天都在做着大大小小的选择和决断，也在不断地入手大大小小的东西。而这选择、决断换个角度看就是"时间"和"精力"，而入手物件就是入手了杂物附带的"情感"。也就是说，这些东西象征着"时间""精力"和"情感"。因此，利用断舍离，只保留自己喜爱的物品其实就是提升花费的时间、精力的质量。

"现在"的"自己"压缩物量，只入手保留与自己关联度较高的物品也表现出"心灵世界与物质世界的磨合"。我们来试着讨论一下这个原因。

物品，即"有具体形态的不会移动的存在＝物体"，没有外力作用，它们会一直停在某处不动。但是我们的心灵总是在瞬间回到过去——那时候真好啊，转瞬间又飞到未来——总有一天，我会……它们瞬息万变，行踪不定。

不过虽然没有具体形态，心灵却以我们入手的物件的集合为形式，在我们的身边留下了情感痕迹。比如说那些象征着不安、因担忧未来而囤积的过多消耗品，那些象征着过去辉煌和荣光的纪念品。

当我们对这些"痕迹"司空见惯，当"痕迹"融入日常生活时，我们就过多地忽略了"现在"。只要这些情感的物化物在我们身边一天，它们就会作用到我们的意识和无意识一天，逐渐阻碍着我们去珍惜"现在"。

正因为如此，当我们把杂物以"现在""我""高关联度"的维度进行压缩，我们就能"活在当下"，逐步向成功的三原则靠拢。但是，不同的人有不同的成功价值观。有钱就是成功还是有名就是成功，每个人有自己的定义。不过，不同的成功人士共通的一点就是拥有"人际关系"财富。我自己也深刻感受到断舍离给我带来的巨大的人际关系财富的积累。

心理上最大的变化则是能够以"坦然和真诚"面对自我和他人。这是一件说起来容易做起来困难的事情。

而清理居所中摆得乱七八糟的"不需要·不合适·不愉快"的杂物，只入手和保留那些"必要·合适·愉快"的东西正是"坦然和真诚"的体现。总是保持"无论向谁展示，无论被谁看见都没关系"的居家状态要比想象中更能促进自信心的建立。

那些来家里做客的人常常一脸惊讶"真的是哪个柜子都这么干净整洁呀"。虽然作为断舍离的传播者，这些情况对我来说是极为平常的事情，但实际上做起来并不是那么容易。

别的不说，最重要的是，断舍离并不是花时间费精力的家务劳动，而是充满"愉快感"的居所保养方法、让人生获得自在·自由的护理工具。因此对我来说，断舍离是极为平常的事。

坦然面对自我的思维·感觉·感受，就不会出现表里不一的自己，也是开诚布公地展示自己。也就是说，自然地袒露自己的内心，也逐渐地消除了对方的戒备心，也加速了自己碰见"机缘"的速度。

"机缘"到底是什么呢？这个词让人想到一个词——啐啄同机。

雏鸡欲出时以嘴吮卵壳声为"啐"，母鸡欲使小鸡出壳而吃壳为"啄"，只有"啐"与"啄"同步进行时，雏鸡才能破壳而出。

从原意引申出来的"啐啄"指的是弟子欲悟道，师父倾囊相授，引导其获得开悟的境界。如果我是雏鸡，那么人生中遇到各种大大小小的机缘就是母鸡。当我欲破壳而出时，因为绝妙的机缘，获得了外部的协助。

换言之，在断舍离的指导下，实践"活在当下""结果反馈到自身""给予"成功三原则的过程中，自我内部的变化与外部的协助两相吻合的机缘会越来越多。

在重视"啐啄同机"的整体世界中，这种两相吻合也被叫作"机·度·间"。

- 机　机会、机缘
- 度　程度、力度
- 间　间隔、节奏感

技艺精湛的整体师能够准确地抓住对象身体所需要的"机·度·间"。

我利用断舍离，也在迅速地提高自己抓住人生"机·度·间"的准确度。这种准确度就像是内部世界和外部世界各自的齿轮"咔嚓"一声咬合住一般。

这种大大小小的"咔嚓"声带来的珍贵奇妙的感觉，我在人生中遇见过无数次，其中印象深刻的一次发生在几年前的某次研修旅行上。

某次，坐飞机去海外参加研修，因为各种碰巧，我没有坐上自己预约的位置，被升到了头等舱。

那是我第一次坐头等舱。最巧合的是我的邻座居然是自己非常尊敬、憧憬多年的一位实业家。

在钻研磨炼断舍离的过程中，我也多次参加他的讲座和学习会，但是从没有机会和他这么面对面一对一地直接对话。对话虽然并没有什么大道理，但是在飞机上的谈话让我感慨颇深。

这次偶然的机缘让我感到"自己现在的工作并没有问题"，我内心获得了极大的鼓舞，这种感受直到现在记忆犹新。

这里还有一个案例。是一位家庭主妇在默默实践断舍离的过程中，同我一样出现了"啐啄同机"的、意想不到的事件。很多人都说因为那次事件，她的人生发生了戏剧性的改变。

（体验谈 11） 断舍离后，我竟有了自己梦寐以求的家

知华女士（匿名）特别喜欢《家庭主妇》杂志，总是从头到尾一页一页地反复看。她自从成了家庭主妇以后，就绞尽脑汁地在各个方面厉行节约，目的是未来买到一套属于自己的房子。

知华女士总是花大量的时间和精力囤积便宜的东西，比如"今天价格打七折，干脆全买了""能多积分，尽量下雨天去买东西"等一些"现在用不上，以后总会用上的某些东西"。因为，她总觉得能省钱就是"好主妇"的标准之一。

遇到断舍离后，知华女士有种被彻底颠覆的感觉，冲击了她觉得理所当然的消费方式。

从断舍离的角度看买卖的话，对于那些销售自己筛选的高质量商品的店铺来说，顾客宁愿花大钱去购买。比如说，与

其积累积分去获得一些粗糙的产品，倒不如把这些小便宜舍弃掉。

知华女士现在才意识到，自己不能纠结几十日元的小折扣，而是要看自己现在需不需要这个东西。于是，她把所有的积分卡都扔掉，明确了自己买东西的标准——自己需要的不是积分卡，需要的是商品。

而且，在食物消费上她的角度也发生了变化。"与其节省饭菜的钱，倒不如高高兴兴地把钱付给那些为自己提供精心制作的美味菜肴的人。"逐渐地她开始发觉食物的丰富和美味，尝试了五谷杂粮配蔬菜的素食，结果一发不可收，饭菜钱也大幅度下降，而且因为不怎么用油，锅碗瓢盆直接能用水洗，连洗洁精也省下了。

以此为契机，知华女士意识到自己的日常生活并不需要太多的东西。于是，她一下子把大衣柜、收纳箱、柜台桌、两面镜子、30件衣服处理了，把昂贵的海外版内饰家装书装了三大纸箱捐给了图书馆。

然后，她从剩下的家装的书和杂志里，把自己喜欢的厨房、浴室、厕所的照片剪下来，贴在自己的构图本上来想象自己理想的房子，没想到这时候先生说要和她一块儿去看房子。

一个月之后，他们买了新房，基本上能实现她无意中写在手账里的小愿望，并且翻修的家装几乎和她在构图本上贴的图片很接近，简直像做梦一样。

知华女士以前梦想的家是"能感受到阳光和风"，而如今她的家能看见山峰、能沐浴夕阳、能感受海风，每天睡在柔软的床上、穿上漂亮的衣服时，她都能闻到太阳的味道。她觉得很幸福。

知华女士利用断舍离获得了她梦寐以求的家。

断舍离，
让人生处处自在怡然

———

　　我想，到这里想必大家已经对断舍离改变人生，进而获得自由·自在人生的作用有了一定了解。从这一节开始，针对如何把断舍离的思维方式运用到家务整理以外的场合，如何才能改善人生之路，收获自由·自在的人生的问题进行详细的介绍。

　　在不断坚持断舍离的过程中，居所的空气流动起来，新陈代谢加速循环，这时候自然而然上升的境界被定义为"自在"。它指的是一种无拘无束的、悠然的、各方和谐的状态。无拘无束，并非是任意妄为，而是得到周围自然而然的协助。

　　举个刚刚呱呱落地的小婴儿的例子。

还在吃母乳的婴儿，只要一哭就有人给他喂奶，只要一大小便，就有人为他擦干净屁股。这其实就是自在的状态。换句话说，完全确信自己可以"在必要的时刻，获得必需分量的必要的东西"。

然而，随着成长脚步的加快、经验的不断累积，那种不安、恐怖的情感逐渐在内心发芽，我们时而为未来忧虑万分，时而又沉湎过去无法自拔。受过普通教育的人，在"目标未达成是因为自身不足"的观念灌输下，总是爱给自己做"减法运算"。（固然，这也是为了社会立足而无奈的事情。）

但是，断舍离则用"加法运算"来关注那些积极方面。比如说，"还没有完成的地方非常多，不过对桌子抽屉的断舍离完成得不错，给人带来自信心"。

换句话说就是"聪明的傻子"的活法。从加法运算的视角能够更靠近"在必要的时刻，获得必需分量的必要的东西"的自在。

一旦家里杂物量减少到最适度，进入了新陈代谢的良性循环，在精神方面的人际关系也会改善，也就是人生本身一定会流动起来，形成了良性循环。你会发现自己的身体不再像从前一样紧绷着，变得舒畅轻松起来，而且笑容总是挂满眉头。

有一次，一位学习断舍离的人告诉我，"自己的插花能力提高了"。她不仅锻炼了自己观察空间整体的审美眼光，明白了如何搭配花和枝叶才能为空间画龙点睛，同时也对花材、花器的挑选有了明确的方向，不再像从前那么迷茫了。

从高价奢华的材料到朴素简单的器皿和花草、什么位置搭配什么素材、会带来什么效果等，她的审美意识逐渐变得简洁、细腻，有了进一步提高。

从人际关系上来讲，这样的人既有从全局看问题的眼光，也能自由地察觉那些烦恼之人内心的微妙。也就是说，断舍离既培养了全局眼光，又提高了关注细节的精度。

我把前者称为"龙睛"，后者称为"蛇目"。人如果同时拥有"龙睛蛇目"，人生的"明度·彩度·辉度"会有显著提升。但是鱼和熊掌兼得并不是什么简单的事情，我也是每天都努力地朝着这个目标前进。

"信息"与自在人生

现代日本是信息泛滥的社会。固然，信息不足并不好，但是，如同物质过剩扰乱我们的思维一样，信息泛滥也会引起思维混乱。这要比缺乏信息更遗憾和不幸。并且，信息并不像物品一样，能从视觉上感受到空间压迫感，因此就更需要警惕信息过剩。

面对新信息时，我首先想到的是瑜伽师的告诫"不信、不疑、亲自确认"，包括那些可疑的信息，亲自确认信息的来源、根据，就不会被它牵着鼻子走了。面对不确定信息，无论是选择相信还是怀疑，都很有可能出现问题。

不过话又说回来，自己一个人的能力也是有限的。我们面对日常生活中的小疾病或是食物营养之类的知识等一个人无法做出判断，需要向专业人士咨询，这种情况下，我就把事情完全委托给一位我信任的朋友、熟人或者专业人士。

《徒然草》里有这么一句话。

良友有三：一为乐善好施之人；二为医病疗伤之人；三为有慧根灵性之人。

第二个医病疗伤之人即"医师"。医师即具备专业知识和技能的人。也可以是那些未谋面的却通过书籍、媒体知晓从心底比较信赖钦佩的专家。在这样信息泛滥的社会，自己可以信赖的人是必不可少的，他们能帮助我们选择正确的信息和情报。

不过，智者千虑必有一失。即便是这些专业人士出现问题，也不必过多责备，因为"是自己选择去相信的"。这也是保持良好人际关系的道理。

最近，经常听到一个词——SNS（社交网络服务）断舍离。我们一直有和其他人产生联系的欲望，但是一旦在 SNS 上产生联系，"庞大的信息 = 聊天"就呈雪崩之势压倒而来，很多人对此烦恼不已。

在 SNS 等社交通信工具上交错乱飞的那些任性地钻入眼球的信息，甚至会挑起人们内心原本无用的欲望。脸书（Facebook）、推特（Twitter）、照片墙（Instagram）等社交软件为人们提供了拓宽交际圈的渠道，但是往往不知不觉中，我们的欲望越来越大，想获得一些不必要的东西，与一些不想产生联系的人建立了联系，自己的思想、行动和真正的内心需求错位越来越大，并且越来越摆脱不了这个社交泥潭。

长此以往，就越发觉得自己的生活离不开 SNS，一旦离开就会有担忧和不安。其实，与物质一样，我们应该和信息本身保持一定的宽松距离。"在必要的时刻，获得必要分量的必要信息。"我深感这种距离感是现在这种信息泛滥时代每个人都必需的东西。

"时间"与自在人生

我想很多人都把"没时间"这句话挂在嘴边。

这其实和我们面对塞得满满当当的衣柜却埋怨地说"没衣服可穿"的情形并没有区别。把空间不留一丝缝隙地"塞满""填满"，还是保持一定宽松度的"放满"，这种空间的利用法其实和时间是一样的。

重视宽松空间的断舍离认为，保持一定宽松度的"放满"方式是比较理想的时间利用法。那我们该怎么做呢？其实步骤和收纳的感觉差不多，重视要完成事项之间的模糊时间段。

比如说通勤和移动的时间。可以漫不经心地眺望下车窗外的风景，可以迷迷糊糊地打个盹儿，可以继续读未看完的书籍，等等，暂时不要管手头的工作和要事。把这些零碎时间当作一个事项之间的缓冲带。

还有，洗澡也是一个放松的时间。最近常常看见有些人把手机带到浴室，或者有人坚持去做皮肤护理等，他们轻视迷迷糊糊泡澡盆的时间。但其实当人们把自己全身瘫在澡盆里时，这种慢慢悠悠的时间里才会激发意想不到的各种灵感。

还有很多经常迟到的人总是被人说"要多留点时间"。而不擅长安排时间的人总是有不到最后一刻不行动的毛病。"提前5分钟集合"这个对策就相当于收纳空间中杂物与杂物之间的空隙，每个事项都附加5分钟来考虑就行。

如果收纳空间宽松地放置东西后，空间和杂物就显得"易取、好收、美观、清爽"。同样道理，日程安排的时间能坚持做到"镇定、宽松、充实"，就仿佛有凉风吹过，呼吸也变得顺畅，心里变得舒服极了。只要稍微意识到这一点，每天的时光就明显变得轻松又充实了。

但对于适应了高强度任务安排，事项一个接着一个的人来说，这种思维方式也可能显得不太现实。"自我轴"的事项或工作姑且可以这么做，但是很多人也有像一些护理、育儿等"他人轴"的事情。对于这些人来说，断舍离提出来以下两个问题：

"现在准备做的一些事项或待办事项，对于你来说都是必要·合适·愉快的事情吗？"

"日程里面是否有一些其实不过是自己想当然的事情？"

即便换成其他领域，这种"必要·合适·愉快"的三原则提问也是行之有效的。那些"应该做的事项"除了可能感觉是必要的，最重要的是那些如果因为忙而耽误了该工作，会让自己有所损失的。因此要细致地检查自己的日程里面是否有明明可以更改却"想当然"的事项。比如说：

"那场会议你必须参加吗？那个被委托的事情必须由你去做吗？"

经过详细的检查后，说不定真的能发现很大一部分是"因为懒才继续这么做"或者"无法拒绝只能接受"的事项。

"烦恼"与自在人生

"烦恼"相当于是"心灵的废品"。

与杂物同样，陷入烦恼而不能自拔的人很难去客观地带着全局视角来看问题。我们把烦恼的种类进行大致分类，分为以下三种：

- 金钱

- 健康

- 人际关系

你的烦恼对应着哪一种呢？其实烦恼最多的是三者之中处于基底的"人际关系"。

比如说生病住院。

表面上看，引起疾病的直接原因是病毒或者年龄性衰老，但很多情况下是父母子女之间或是夫妻之间等关系亲密的人带来的压力引起病情加重或者妨碍康复速度。

另外，还有很多是住院的费用不够，却找不到能够帮忙的人。

俯瞰和抽象化这些烦恼后，我们会深深地感到人总是在各种关系网中烦恼不已。

另外，还有一个重要的角度是看起来比较烦恼，却不过是"牢骚"和"自我炒作"。把"烦恼"当作一个重大问题，并非在思考解决之策，而是不断地唠叨抱怨，却不肯改变现实，依然安于现状的情况。

比如说有一些老年人是医院的常客，他们嘴里说着"这里疼""那里麻"之类的话，与其说是来医院治病，倒不如说来医院发发牢骚，也是病友之间的一种交流。但是他本人并没有意识到。

不过，我们真的能笑话老年人吗？其实这种抱怨和牢骚也是我们常常会做的，并且也是最不能解决烦恼的方法。

断舍离是怎么一步一步地解决"烦恼"的呢？

断舍离并不是一个一个消灭具体的烦恼，而是要改善人本身的"烦恼体质"。对于烦恼的人来说，一个良好的状态会让烦恼本身自动解除。

那这是怎么实现的呢？我自己小时候总会因为某些鸡毛蒜皮的小事烦恼，利用断舍离，在整理杂物和空间的过程中，切实感受到自己摆脱了之前的烦恼体质。"烦恼"的感觉最开始是没完没了地想同一件事情，"烦恼"的感觉，逐渐变成了对问题对象的"思考"。也就是说，自然地过渡到不断思考，找到解决问题的线索和切入点的阶段。

当身陷烦恼的自己能够积极地整顿清理自己所处的空间环境时，内心世界也会发生改变。扔掉一个不需要的杂物，内心就挪出一个空间。不管这个杂物有多小，都没关系。

因此，到了现在，一旦感觉到"糟啦，心里有点不痛快"，就开始断舍离。也就是说，整理清扫烦恼的我的容器——居所这个大空间。

毋庸置疑，如果身处一个乱七八糟的居所空间，烦恼本身也一定会膨胀，因此，一烦恼就整理家务。虽然乍一看两者八竿子打不着，但是整理家务也是向彻底解决烦恼迈出的一大步。

"节约"与自在人生

断舍离很容易被错认为是过"清贫的生活"。在这里，我并不是要否定那种艰苦朴素的美德，但是断舍离最重要的并不是使用最少量的物质，而是把多余的杂物清理出空间，恢复"生活"的流动感。

我们经常说不能乱花钱，要有理想有目的地节约。是不是我们太过在意节约用钱，以至于有很多人并没有找到有效利用金钱的方法和目的，就不由自主地被"节约用钱"的念头束缚着不能自由行动。

实际上，节约的对象大致分为以下三类：

- 金钱
- 精力
- 时间

把三者放在天平上衡量是一个重要的思维习惯。

比如说，厨房里想放置个洗碗机。首先需要成本（花钱买洗碗机），有些家里厨房面积小，洗碗机会让厨房更狭窄，还有洗碗机用起来要费力、费时、费电、费水。考虑到这些时，就可以从"洗碗机带来的好处和坏处哪个多一些？""我是不是真的喜欢洗碗？"等多个角度考虑问题。

节约和断舍离的共同点可以说都是"减法解决法"，但是后者强调的是在减少的基础上获得生活的自由自在。也就是利用精简化或智能化的手段创建最佳化的生活环境。要想获得"自由·自在"的生活，自己应该挑选什么？又要放手什么呢？

举一个我自己的例子。从我一个人开始努力锻炼断舍离开始，在乘坐新干线时我就决定了一件事情——要坐软座。因为软座宽松的空间里有更大价值。

当时我还是个家庭主妇，并不是不在乎花钱，只是想让自己在新干线上的时间充实起来，才花这个钱的。

不要被人们口中的"常识"所束缚，从自己独特的"必要·合适·愉快"来决定事情的优先顺序，或者减少浪费，或者投资理财。这才是超越节约本身，将各自人生中的杂物进行精简智能化。

"结婚"与自在人生

在某个杂志的问卷调查"你想要断舍离的是什么东西？"

一问中，女性最多的答案就是"丈夫"。这个答案是值得我们深思的。

假如换成男性的话，答案是不是"妻子"不好说，那么让妻子想要放弃婚姻的原因究竟是什么呢？

我认为想要理解这个问题，就必须要把"结婚"这个概念再理清一下。

我们经常说的"结婚"有三个观点：

● 精神性的结婚
● 动物性的结婚
● 社会性的结婚

"精神性的结婚"：如字面意思一样，是灵魂的结合。是真正意义上的两个人的爱情。只要是两情相悦，互相爱慕，即便是不在户口本上体现，也是精神上的结婚。

"动物性的结婚"：指的是人和动物一样，都需要性伴侣。据说即便总在精神上和社会上出现不和谐声音的夫妇之间，只要肉体上有很高的契合度也不会分开。

"社会性的结婚"：户口本上标明结为夫妇这一行为的本身就是社会性的结婚的重要因素。社会上很多未婚女性对结婚对象有"高收入、高学历、高社会地位""颜值高"等高要求，这些要求其实是和"社会性的结婚"挂钩的条件。也就是说，作为这种符合高要求的对象的配偶，自己可以获得社会性的利益和社会性的承认。另外，结婚并不是两个人结婚，而是两个家庭结合的问题，因此三者之中"社会性的结婚"的比重逐渐增高。

据统计，有 8 成的日本人一生当中经历过一次婚姻。从上面三个婚姻要素来看，这些人的结婚对象能全部满足三个条件的到底有多少呢？

即使如此，我们究竟为什么对结婚怀抱着强烈憧憬呢？

本来结婚是"结不结婚"的问题，但不知何时被偷换成"能不能结婚"的问题，导致很多女性的自我肯定感下降。现在不管我们有没有结婚，一直笼罩在"社会性的结婚"的结婚制度的大伞下。

只要在这个伞下，我们就有安心感。只要走出去，就会被雨淋湿——流行的社会婚姻观念。实际上，有很多时候伞外的天空是晴朗的艳阳天，一望无际。这把"伞"可以置换成"日本社会的常识"。

比如说，在法国，想要和伴侣共同生活有三种类型："结婚""PACS 婚（在纳税和社保上享受与结婚同等保障的连带市

民协约)①" "同居（不受法律约束和保护的关系）"。作为一个信奉恋爱至上主义＝精神性的结婚的国度，这三个婚姻选择也极具法国特色。

那居住在日本的我们，要怎样来理解结婚呢？

- 融入婚姻制度中，把婚姻当作人生的全部可以吗？
- 把婚姻制度为我所用进行人生设计，行得通吗？
- 摆脱婚姻制度的框架，选择自由超脱的人生行不行？

自问自答以上这三个问题，就能找到自己与"结婚"保持良好关系的恰当位置。

不过，断舍离发源于瑜伽哲学的思想，因此总是站在动摇既成观念的立场上，最优先考虑那些因无意识摄取的观念和价值观反而把自己困住的情况。

让人意识到这一点的一个方法就是海外旅行。

假如你稍稍迈出"伞"外，就立刻能明白，结婚观所代表的常识和价值观实际上不过是家常问题。在"伞"外会找到比"日本人式的结婚观"更为自由的位置来看问题。同时也许会庆幸自己生活在日本。

---

① PACS 婚：全称为 Pacte Civil de Solidarité，是法国于 1999 年设立的一种新机制，其保障程度介于婚姻和同居之间。相当于中文中的"试婚"。

从这些角度来看，想要挑战"结婚"这项"冒险旅程"，最重要的是像维护"空间环境"一样，不断地坚持"保养"和维护夫妻关系。重要的就是"保养"。也就是，通过家务劳动来体现对对方的关心和爱护。

"家务"与自在人生

家务活有很多，打扫卫生、洗涤衣物、开火做饭、收拾整理……传统上看，女性是家务劳动的主力，但是如今全日本也在推进男性参与到家务和育儿活动的潮流。

话说回来，家务到底是什么呢？家务从本质上来说是"养育生命的重要工作"。家务既不等同于"家务劳动"，也不是按小时给酬劳的作业。家务不仅仅为了家人，也是为了自己。

那么，是不是可以说家务就是家庭内部的新陈代谢呢？

那些认为"家务太麻烦"的人在某种意义上是认为"生活的新陈代谢太麻烦"。那么为什么家务让人感到麻烦呢？

以前，我不能完全说"自己喜欢做家务"。原因显而易见——东西太多。东西一多，做起来就非常烦琐。所以"麻烦"这个词就在脑海凸显萦绕出来。

但是，只用那些经过筛选出来的东西来组成空间，那么，也不会花太多的时间和精力，而且，清洁、洗涤、煮饭等家务做起来也很轻松愉快。

越是觉得家务麻烦的人，就越要尝试一下"压缩杂物＝节省时间精力"。这是达到"享受家务活＝获得自在人生"境地最好的最便捷的通道。

"终活"与自在人生

临终笔记、生前整理……这些终活热潮已经掀起很久了。"终活"这个词本身就是超高龄老人的专利词汇。

我自己也见过很多高龄老人的遗物整理现场，让我感觉痛心的是"我们总不自觉地带着很多有形无形的'遗憾'迎来与世界的永恒离别"。

我丝毫没有否定"遗憾"本身的意思。我只是对此抱有一点疑问——只要快步入老年，就真的要有"终活"的意识吗？

突然想起来一位治疗癌症的医生曾经说过一番让我颇感意外的话。

癌症，从某种意义上来说是幸福的死亡方式。

并不是像心脏病或脑中风这种突然死亡的病症。

在死亡来临之前，还有力气来做想做的事情。

还能在死亡来临之前，全身心地用力生活。

我明白这番话的大意，但同时，也明白存在因为突然的死亡而迎来临终的情况。

　　而且，并不是说人一定会快到年老之后才会迎来死亡。尽管"人生多憾事"，我们至少要拼尽全力去努力生活，让自己临终时不再有遗憾。其实人生本来不就是活一天少一天的"终活"嘛！说到"终活"，我们总是会关注遗产分割、葬礼、埋葬方法等等。其实在日常生活中保持让人生的各项事情都有始有终，不留遗憾的态度才是最重要的。

　　日常生活中必要的并不是"未来"，而是"当下"。如果朝衣柜、壁橱里塞乱七八糟的东西，并不去收拾整理，忙碌于其他事情，就等同于努力地进行终活，却依然会抱着遗憾死去。

　　不管年龄如何，不管健康与否，如何才能让"当下"的自己获得自在的人生，如何充实地过好"当下"？其实谁都能够做到的就是清理自己居所的废品杂物。

　　我们的终活要从塞在壁橱里的忘却物·执念物的断舍离开始做起。

"搬"家，遇见新的自己

断舍离分为两种。

一种是清零式的断舍离。

把居所过剩的杂物以"必要·合适·愉快"标准缩减数量。

因为与大量的忘却物、执念物进行战斗，要消耗大量的精力和体力。比如要完成"今天我要把冰箱收拾完！"这个目标，就需要用心用力。

另一种是保养式的断舍离。

这种断舍离的感觉就是居所的杂物已经缩减到某个程度，要保持这种程度，每次都对居所的"污垢"进行清理。到了保养阶段，就不怎么需要专门去搞大规模的断舍离，也就是说，可以进行"愉快的断舍离"的境地。

我们的身体每天都在代谢，居所的杂物也有出有进。而代

谢也有一定的频率:

"天""周""月""季度""半年""年"。

比如说,换衣物是在春夏季。春夏季处理掉的衣物就是以"季度"为单位的废品。像我家所有的毛巾类的物品都在年底换新,这就是以"年"为单位处理的废品。

以"天"为单位的废品也不是没有,但大多数人都会偷懒,以至于到年底大扫除的时候要和其他人一起进行"大工程"。

我家并没有类似这种的大扫除。因为每天进行清零断舍离,以"天"为单位处理掉废品,年底的大扫除只是"清扫·擦拭·磨刷"的小作业。

我想有很多人现在处于"清零式的断舍离"的阶段,而断舍离的精髓可以说到"保养式的断舍离"的阶段才能发挥出最大效果。

原因是在这个阶段:

● 与物品打交道是个愉快舒适的过程。

● 物品不是大麻烦,而是小伙伴。

● 空气清新、舒爽,让人想多待在这样的环境里深呼吸。

到了这一阶段,即便家里稍微有点散乱,也会毫无压力,

"有点乱，不过马上就能收拾完"。

经常听说"把家务整理习惯化"的说法，但是断舍离并不是"习惯化"，用"自然化"形容比较恰当。先通过"清零式的断舍离"彻底缩减物量，之后就能顺势进入轻松地让居所恢复到简洁·舒适状态的良性循环中。

- "出"是恢复到人本原的日常生活状态。
- "出"是自然的回归。

很多人认为的断舍离是"清零式的断舍离"——不管三七二十一的"出"。我想要向准备进行这种断舍离的朋友们强调一下"断舍离其实是不搬家的'搬家'"。

意思就是虽然在同一个地方，住在同一所房子里，却像搬了新家一样，居所空间和自己发生了巨大的颠覆性的变化，这种"搬家"的时机多种多样，比如黄金周、夏休、长假等，如果找不到长假，心血来潮也是一个机会。不少人这样一点一点地挤出时间，利用断舍离，让人生重新发出明亮的光芒，重新创造宽松自在的居住空间。

断舍离，并不是充斥徒劳感的"收拾整理"，而是提升空间次元的"搬家"，同一个地方，同一所房子，却有完全不同的风景，还有崭新的自己。

在必要的时刻，能获得
必要的东西

━━━━━

　　我经常在采访和讨论会上被人问道"有没有扔掉东西后会发愁的事情呢？"我常常这么回答：

　　"请试着先扔掉东西，再发愁吧。"

　　在不断深入实践断舍离的过程中，也会发生一些处理掉东西后发愁后悔的事情。但是并没有人深入思考过"发多大愁""有多后悔"，没有考虑过负担过多的忘却物而带来的消极影响有多大。

　　●设想"扔了东西会发愁"的只是"现在"的自己。

●"扔了东西会发愁"就像一种增压训练。

我认为一定程度的负荷是提高自信心的一种方法。在那些认为人生就应该事事准备万全，才能预防"万一"的人看来，这种思维方式可能比较极端。但是，人总是通过失败才能有所觉醒，才能掌握要领不再重蹈覆辙。

从实际情况上来看，"因为处理掉多余杂物，人生才重新恢复光芒"的人远比"因为扔掉了某些东西，之后特别发愁"的人要多得多。怀着愉快的心情，利用"加分法"，积极地、反复地实践断舍离，这个过程让我们即使碰到什么困难，也能带着明媚的犹如乐天派的态度对待一切问题。

不知不觉中，"没有的话，创造条件也能克服！""就算不放在家里，需要的东西也能很快检索到！""正想要这个东西呢，朋友就把它当礼物送过来啦！"等各种"东西不在手边也不担心"的情况越来越多。我们突然发现自己越来越确信自己"在必要的时刻，能获得必要的东西"，越来越感觉到自己的身体自然而然地"生长"出让生活和人生变得自在、怡然的"肌肉"。

恢复"呼吸空间"，
获得自在人生

一旦自己的居住环境从以前的乱七八糟的杂物堆积场，变成了筛选后的珍贵物品被仔细地爱护、保养着的整洁环境，很多人都会说"空间感觉清爽起来""呼吸特别顺畅""情不自禁地深呼吸"等等。

我们在学校学过"呼吸是指氧气和二氧化碳的进出"。假如呼吸只是这个意义的话，那为什么在塞满杂物的空间里人们会感到"喘不过气来"呢？从物理上讲，这种空间并没有被隔绝氧气。

就像前面所说的，断舍离来源于瑜伽。而瑜伽非常重视呼吸，因此，断舍离的精髓就在瑜伽所倡导的呼吸方式中。

呼吸中最重要的首先是"吐气"。所谓"呼吸"，先"呼"

后"吸"。从吐出阻塞的气体开始。呼吸又称为"调息"，发生在无意识和有意识之间，是"结合"无意识和有意识的行为。实际上，从生物学的观点来看，呼吸也是指既能在以心脏搏动为代表的无意识自律神经系统的控制中，又能被意识控制的唯一生理机能。另外，"瑜伽"在梵语中的意思为"结合"，因此，甚至可以说"呼吸"就是指"瑜伽"本身。

那么"结合"是指什么呢？

比如说，牛、马不受人控制，任意地来回吃草排泄而生存，但是这样的牛马无法为人类服务。但是如果与犁头、车辆相"结合"就能为人所用。换句话说，"结合"给予了牛、马新的价值。

而瑜伽，也就是呼吸的目的，就是"结合"。

但是在昏暗混浊的环境中，本能的呼吸并不能给人带来调和的新价值。而同呼吸一样，需要来回进出的物品也同样如此。过多的欲望带来各种各样的东西，并不会产生有用的价值。

因此，高质量的"呼吸"首先需要"吐"。生理学上也讲，有意识地进行深度呼气（吐息），能提高内脏系统的活动机能，会直接唤醒生存本能。

断舍离把这个过程形容如下：

"吐"，是"自力"的行为。

这可以说是对生存本身的宣言。也就是说，只要能够"吐（出）"，就会自然而然地"吸"，会自然而然地涌入活下去的力量，进入"他力"的境地。

物品也是如此，保持持续地"出、出、出……"。

由此恢复"生命的机制"，超越"表面上干净整洁的居住环境"，而进入"生存"的整体更新。

你的居所是否是"呼吸空间"？

待在杂物过多、空气不流畅的居住空间里你是否会经常叹气呢？

你是否觉得在扫除不彻底，遍布灰尘和霉味的房间里喘不过气来呢？

因为某些东西而跟家人吵架，最后是否只会觉得"真是合不来"？

想要获得自在的人生，也要恢复健全的"呼吸空间"。

这里介绍一个利用断舍离，重新恢复原本"呼吸空间"的案例。

反复地"出"，获得自在人生的实际感受

和半身不遂的先生一起生活的由利子女士（匿名）遇见断舍离是在 3 年前。对断舍离越来越感兴趣的她在某天早上准备彻彻底底地整理一下食材。当她干劲儿满满地打开冰箱后，才发现因为没有电，里面的东西全坏了。食物统统被扔掉了。她因此换了小一号的冰箱。这是她断舍离的第一步。

接着，处理了三个餐具架子中的两个，包括一些不需要的餐具。结果厨房显得宽敞了不少，而且走动起来也很方便。

另外，考虑到先生不方便活动，就把他的随身用品集中放在旁边，坐在轮椅上可以随处移动。但是房间宽敞之后，却意识到某些东西的不同。原本是想让先生多活动多走动，却给了他一个不活动也不影响的环境。也就是说，之前通过轮椅、伸手够得到东西看起来是关心他，实际上反而帮了倒忙。

那时候，每隔两三天就带着儿子来娘家玩的二女儿对于这里的变化感到很吃惊。由利子女士还把客人用的睡觉用品压缩到了两人份。仔细筛选了自己的衣物，又去掉了一个大衣柜。

她说："开始减少家里的东西后，有些以前怎么也不会扔的东西也显得特别碍眼，特别想处理掉。"而且原本打算将来再拿到网上拍卖掉的那些"人手之后又后悔的东西"很快被她痛快地处理了。不过，到最后还是未能扔掉的是收藏的书籍。那些几万日元的罐子也很快就处理了，结果一本 1500 日元的书不舍得扔，总觉得卖了换钱会更好。而且，她的部分书籍甚至存了有 30 多年。最后，由利子女士决定把一半藏书捐给图书馆。

她常常说自己的断舍离之路还在途中，但很显然，她的生活的舒适度已经提高了不少。

从很长时间没回娘家的大女儿"一进玄关，就觉得空气不一样""呼吸也顺畅了"的话语中也能感受到由利子女士家的大变样。其实，不光这些变化，还有：

●先生变得想做康复训练了。

●女儿携家带口来娘家玩耍时，也能自觉地收拾好东西再返家。

●打扫卫生变成享受了。

●洗碗池和饭桌上的东西只有必要的东西，没有其他多余。

●无论何时有客人来都没关系，甚至可以展示自己的冰箱。

●很高兴回到家。

●原本为招财才打扫厕所卫生（日本民间认为财神在厕所），现在自然而然地想保持清洁。

●体重也在逐渐减轻。

由利子女士正切实感受着断舍离带来的"自在人生"。

用心珍惜当下的
人·事·物

──────

从前，一位僧人兼宗教学者曾经这么形容断舍离：

每个人都会在某一天失去自己最宝贵的东西。

几乎没有人能在最关键的时刻做到释怀。

只有在日常生活中不断地练习如何放手，

才能坦然地接受烦恼，

甚至衰老、病患和死亡。

这番话是精通佛法的高人对断舍离的诠释。"断舍离归根结底是为了让我们坦然接受自身的、珍爱之人的死而进行的训练。"因为，我们的死亡率是 100% 的。死，是我们最后等待的肉体的断舍离。无论是谁都避免不了。

在"终活"一节也讲过，不管有意识与否，我们每一天是一步一步地靠近死亡。因此，在某种意义上，每天都是我们的"终活日"，断舍离就是"终活"。

为了这在某一天必然要迎来的"死亡"，为了现在能获得自由·自在的人生，就必须要做到摆脱身边的"执念物"，也就是要"清出"。这是断舍离的立场。

也有正相反的价值观。

- 出、舍、放手
- 入、拾、占有

固然，两种价值观都是必要的，两者并存才会产生"新陈代谢"。

但是，再深入探究的话，其实可以说所有的物品其实都是来自地球的借用品。那么，我们是把自己从地球处买的东西、获赠的东西错当成自己的东西。

换句话说，"占有"其实是我们的一厢情愿，是人类社会撇开地球、私自制定的特殊契约罢了。如果物品只是临时借用品，所谓"占有"只不过是在物质这一悠久历史长河中随机截取了一小段水流，那么我们要珍惜自己与所谓"占有的物品"之间极为偶然的缘分。当缘分终结时，我们要痛快干脆地放手。

人世间的一切人·事·物都是如此。

包括我自己在内，随着不断缩减自己周边的杂物量，这种"珍惜当下·缘尽放手"的意识逐渐在内心生根发芽。东西越多，整理起来就越混乱。相反，东西越压缩，就越激发对当下的人·事·物的珍爱之心。在生活的每一天，我也仔细感受到珍惜每一个"人·事·物"的重要性。

我们常常会忽略的是，生命是有限的，时间和空间也是有限的，可用的能量也是有限的，正因为如此，我们才要断舍离。

不断地追寻"出"之美学

━━━━

虽然"熵增定律（物质从有序趋向无序）"并不是指人的行为规律，但是不愿放弃、渴望获得、期盼增殖的欲望是基于人的本能的。

诚然，在以往的年代，人们渴望不断地获取知识、信息，不断地增加物质量的消费型生活方式饱受推崇。因为喜欢而选择或者获取是无可厚非的，但是假如旅途中的酒店房间东西摆得乱七八糟，你会心情愉快地住酒店吗？

想必一个人都不会有。除非是感觉麻木的人，空气清爽、干净整洁的房间才会让人感觉舒适。也就是说，"想待在美好的空间"这一欲求是基于本能的，也就是"生命自由·自在"的状态。

一个简单的事实就是，因为现代社会中形形色色的观念和价值观鱼龙混杂、良莠不齐，能为自己和家人提供让生命本能感受到舒适美好的居住环境的人并不多。

在这个意义上，断舍离就是恢复生命原本的自由·自在的手段。一旦"出"内化成人生习惯，那么，深入一定阶段的"清出"行为本身也逐渐变成了一种整洁、讲究的行为。

举个日常的例子。当我们将杂物精简到一定程度后，日常清出的垃圾量也会显著减少。而清垃圾这个行为并不显得有多脏多累，反而是一种讲究。

另外，我们在处理杂物时，也毫不犹豫捐赠或者再利用，而且还能最大限度地从自己和他人考虑问题。

超越了"舒畅、整洁、精简地生活"的词源，朝着更美好的、审美意识更高的阶段迈步，成为"间"之达人和人生达人。也就是说，在获得生命自由的同时，也达到与空间的对话，对空间的高审美意识和精简、讲究的境地。

断舍离是在"出"的思维的引导下，将物质、空间乃至自我内心精简化，让"此时此地的我"焕发人生光彩的"美学"。

后记

8 年时光，埋头讲述"断舍离"。

8 年时光，一心宣传"断舍离"。

8 年前，从第一本《新·整理术·断舍离》问世以来，我一直在加倍地努力实践断舍离。

而如今，除了日本本土，我的"断舍离"让包括亚洲、欧洲、美洲等世界各地诞生了无数名断舍离实践人。

换成从前的自己，这简直是无法想象的。首次向别人宣传这个原本不过是我私下的"生活哲学"的断舍离是在 17 年前，2001 年 9 月。最初的课堂是在我的客厅里，8 名左右的学员围着长桌子开始的。而在更久以前的 23 年间，我独自一个人，在反复试验中不停地实践我自己的"断舍离"。不，其实根本称不上反复试验，只是东跑西窜地凭着感觉乱走罢了。

在战战兢兢地推广"断舍离"的 17 年前，我心中隐隐约约地有一种莫名的确定感——"断舍离"会改变世界。这是一个找不到什么理论根据的甚至有点奇怪可笑的确信感，如果被扣上一顶"痴心妄想"的帽子也找不到什么挑剔反驳的理由。然而，最开始参加断舍离课堂的那几位学员完全没有嘲笑这种既不像开玩笑又不像说真话的授课。

尽管有这种模模糊糊的确信感，但是要说 17 年前我到底对自己是不是有充足的自信心，自己也不敢打包票。事实上，当时的我一直徘徊在消极的意识中，完全没什么自我肯定感。

尽管看起来不怎么靠谱，随着我的"断舍离"的推广，它竟然反过来从那些实践和有所觉悟的人身上吸收了很多营养，实现了茁壮迅速的成长。

越来越多的人来到了断舍离的课堂和讲座，他们又带来了自己的朋友，又带来了自己的家人，甚至邀请我到世界各地去宣传推广断舍离。

就这样，我又开始了在各地飞来飞去地去做讲演。接着又涉及了书籍出版，不仅在日本，还在中国、中国台湾、欧洲各国成为畅销书，也获得了越来越多海外邀约和采访的机会。

是的，我的人生，发生了巨大的无法想象的变化。甚至可以说以前缺乏的自我肯定感，自己竟然连担心都不再担心了。

因为"断舍离"，我收到了来自世界各地不断的邀约；因为"断舍离"，我遇见了从前几乎不可能遇见的卓越人才和优秀之人，并与他们成为挚友。这些可谓是我孕育出的"断舍离"对我的馈赠和感恩。

但是，不可否认的是，"断舍离"也是一个放荡不羁的浪子。其常常借着媒体东风到各地旅游探访，也生出不少事端，招惹了很多误解，这也是无可厚非的。要传播一些前所未有的新价值观，就必然会引来反对的声音，也必然会因为对方的种种条条框框而愁云满目。更何况，"断舍离"的影响要远胜过语言。

因此，我特意选择了一条路——把"断舍离"当作"日常的新'整理'法"提供给全世界的人。因为我坚信，用深奥的、哲学气息浓厚的语言来诠释"断舍离"，并不能让它贴近甚至融入我们日常生活这个"场"中，反而无法实现它的价值。

即便这样也有可能让"断舍离"被误解成一种单纯的"整理术"，因为那些以"整理"为入口，螺旋上升式地达到改变人生的目的的人已经有几十万几百万了。

曾经，仅仅是私人生活哲学的"断舍离"升华成了"人生实践哲学"，接着又成为每个人都能实行的"改变人生的断舍离"，从"哲学"逐渐升华成"美学"。

这是极为难得的过程。

本书又重新回到"断舍离"原点，希望这个反复强调新陈代谢的"会呼吸的断舍离"能切切实实地传达给你，我也会由此获得无上的兴奋和喜悦。

山下英子

2018 年 2 月